푸념 닮은 기도

인생 연륜 여든 즈음에

저자 **박 신 애**

북산책

목차

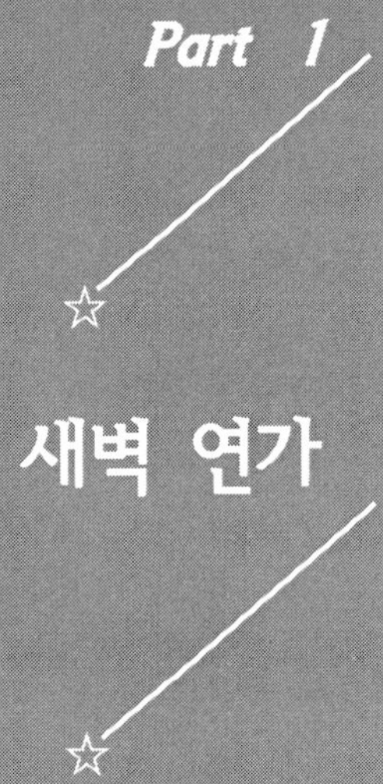

Part 1

새벽 연가

사랑이 물방울 되어 가슴 적셔오는 이른 새벽.

만물이 스스로 제 자리 찾아 열 짓기 시작합니다. ☆

1

새벽을 헤매며 새롭게 엮어보는 삶.
이토록 간지럽게 느껴짐은 어쩐 일인지요?
들릴락 말락 머-언 곳에서 알 수 없는 언어로
들려오는 이 속삭임은 참으로 무엇일까요?

진공 속으로 빨려들어 갈 것 같은 이 유혹은 또 무엇일까요?
던져놓았던 무수한 질문들과 분명치 않은 대답이
함께 엉키는 이 소리는 또 무엇일까요?

이 새벽, 종이와 펜만 있으면 살 것 같은 어리석음으로
내가 원하는 노란 햇병아리 태어나게 할 수 있을 것 같아
꽁꽁 싸인 의문들의 껍질 깨보려 몸부림칩니다.

눈코 뜰 사이 없이 허둥거렸던 시절보다
마음은 더욱 분주해진 요즈음,
그 마음 달래느라 펜 잡은 손도 한층 부산스럽습니다.

창공엔 반짝이는 별들, 땅엔 반짝이는 생명들.
그 반짝임으로 가득 찬 우주 사이에 살아있는 소리들.
새 소리, 웃음소리, 울음소리 강물인 양 흐릅니다.

갓 태어난 새날, '오늘'.
오늘은 또 무슨 색의 어떤 옷을 입힐까?
봄꿈에 젖어 귓속말 나누는 나뭇가지들의 속삭임,
삶을 찬양하는 생명줄들의 떨림.
그들의 희열 느끼고 싶어 가만히 몸 기울입니다.

아직은 만물이 잠들어 있는 새벽,
하늘에 별님들 온전히 '내 것'이라 행복합니다.
오래 전 한번 맺은 인연, 끈질기게 이어갑니다.

어둠이 서서히 걷히면, 초목들 정중히 가장 진실한 모습으로
내 앞에 착착 도착합니다. 마치 넘실대는 찰랑 찰랑 물결인양.
어둠에서 뛰쳐나온 새들이 샛별 같은 눈 반짝이며 주절대면
나 또한 반짝이며 주절대고 뛸 수밖에 없습니다.

진실의 면류관 앞 홍청거림에 섞여, 무지의 뜀박질은 시작되고
홀로의 밤에서 빠져나와, 하나가 둘이 되고, 열이 되고,
백이 되면, 밤새 찾아보던 '나'는 깜박 잊고 맙니다.

난 수 많은 밤을 지나며 밤의 고요와 흐름을
세심히 훔쳐보며 가만가만 밟아왔습니다.
난 이제, 밤의 숨은 모습을 샅샅이 알 것 같습니다.
밤 하나마다마다 대단한 밤들을 홀로 깨어 지키며.

낮의 더러움을 덮고 세상을 잠재우는 밤!

이대로라면 꼭 좋을 듯싶은 밤의 거룩함에 묻혀 사죄하던 밤!
어둠속으로 알몸의 마음이 빠지면, 거기서 무엇인가 알아질 것 같아
묻고 또 물었습니다.

가슴에 지렛대 세워 꼿꼿이 나를 세우는 새벽,
흐르는 눈물쯤이야 뭐 괜찮습니다.
멀리 들려오는 희망의 노래 따라
'나' 지금 그곳으로 가고 있기 때문입니다.
협곡 지나 저 넓고 밝아오는 평온한 대지를 향해
'나' 지금 그곳으로 가고 있기 때문입니다.

침묵 속에 감춰진 오묘한 천지, 가슴 부대끼고 설레어가며
그 비밀의 동굴 지나갑니다. 그 오묘함 속으로 파고들어,
그 비밀 한줌 움켜쥐고 나오고 싶습니다.
지난 세월 멋모르고 무지하게 살아왔지만
이젠 천지안의 비밀, 마냥 모르는 체만은 할 수 없습니다.
더는 참을 수 없는 지점에 '나' 이제 도달했습니다.

대낮은 마냥 홍청망청 길 잃어버린 채 살았지만,
이젠 아닙니다.
'나' 진정 어디로 가는지 비밀의 통로 알고 싶습니다.
밤의 소맷자락에 숨어, 바람의 꼬리에라도 매달려
천지 속으로 숨어들려합니다.
밤을 꼬드겨 그 가슴에 기대어 알아보고 싶습니다.

하지만 정숙한 고요로 헝클어짐 없는 밤,
방황하는 내 시린 어깨라도 포근히 감싸 안아달라고
이 밤도 칭얼거려보지만, 실마리도 건지지 못한 채,
또 한 밤은 서서히 사라져가고, 난 다시 낮의 세상으로
급히 발길 옮깁니다. 눈물로 다져가는 낙원을 꿈꾸며.

새벽이면 창 밖 앞뜰 뒤뜰에서, 꾸준히 기다려 준 얼굴들.
어젯밤 그 모습 그대로 '날' 반겨줍니다.
꿈길 따라 헤매다 돌아오는 동안도,
온 밤을 차분히 날 기다려 주었네요. 꿋꿋하게.

어쩌면 한동안은 내 곁을 지킬 세상!
저- 멀리까지 뻗힌 하늘, 머- 언 산 휘둘러 펼쳐진 풍경들,
날 껴안고 있는 살아있는 이 세상 모든 것들의 꿈틀거림.
나를 지탱해 준 이 세상!
나 이 세상 떠날 때 부둥켜안고 내 자리 조용히 물려주며
살짝 이 자리 물러나겠습니다.

정화된 새벽 천지가 참으로 곱습니다.
나를 송두리째 끌고 어디론가 실어갑니다.
내가 가진 의문에 늘 답을 슬쩍 비춰주니
뜻 모를 고마움에 솟구쳐, 그만 눈물이 쏟아집니다.
그리고 광란의 횃불 높이 들고 영문 모를 흥에 빠져
힘차게, 더 힘차게 발바닥 쾅쾅 구르며 신명나게 춤을 춥니다.
편안함이 잇따라 도착할 것을 믿으며.

새벽이면 노란 햇병아리로, 늘 새롭게 태어나고 싶습니다.
귀엽고 천진스런 햇병아리. 난, 그 이름부터 좋습니다.
알에서 막 깨어난 새벽도, 난, 참 좋습니다.
나도 마지막 날 햇병아리로 떠날 수 있으면 좋겠습니다.

들릴 듯 말듯 살아있는 색깔 없는 천지의 소리,
비밀에 싸여 전해오는 천지 소리.
보일듯 말듯 반짝이는 별 하나,
내 마음 별님과 술래잡기 하는 새벽
별님은 보였다 아니 보였다 날 골립니다.

새벽이 알 수 없는 깊은 곳으로 날 유혹하면
짙은 새벽안개에 묻혀, 난 그만 자신을 놓치고 맙니다.
처량한 길고 가느다란 울음의 꼬리마저 자취 감추고
멀리 어디론가 사라지고 맙니다.
지금쯤 그이가 돌아오실까 방문 살짝 열고,
그이의 발자국 소리 안타까이 귀 기울여 기다립니다.

한때 맨발이었던 한 아이, 세월 지나면서 훤칠한 사나이로,
그리고 골몰한 한 과학자로 나의 전부가 되었던 그 사람.
그 한 사람을 잃고 휘청거리는 이 새벽,
난 그 허전함을 이겨내려 허둥지둥 새벽을 채워갑니다.

방문 살짝 열고 '꼭꼭 숨어있던 밤' 훔쳐보노라면,
이 세상이 마치 보석인 양 곱습니다.

진실한 모습으로 밤은 모든 생명들을 보듬고
달빛 아래 사랑 가득 품고 빛나고 있습니다.
순간, 이 세상에 담긴 나도 환하게 그 모습 드러냅니다.
나란 존재가 이 세상을 배경으로 또렷이 떠오릅니다.
동그라미 외로움 안의 내가 비쳐 보입니다.

천지가 고요로 가득한 밤이면,
그 안에 뿌리박힌 '나'를 잠시 멀찍이 떼어놓고
마치 '남'인양 '나'에게 살짝 다가가 말 건네 봅니다.
가만 가만 바싹 다가가 이름도 물어봅니다.
베일에 덮인 '나'를 알고 싶어서.

홀로 남는 밤이면 다독여 자장가 들려주고, '날' 둥가둥가 해주면,
어둠속에 말갛게 드러나는 진실들,
그들이 숨겨진 나의 작은 방으로 살짝 숨어들어가 봅니다.
하지만 밤은 역시 비밀의 소굴, 꽉 차 흔들리지 않는 빽빽한
겹겹의 어둠 뚫고 진실 찾아보기란 역시 쉽지 않습니다.
대신 휘청거리지 않으려 '나'를 단단히 세워놓습니다.
그 빈틈없는 어둠의 진실 안에.

나, 또 이렇게 길 찾아 갑니다.
꿈의 줄기 붙들고 다른 행보의 첫 발을 디딥니다.
옳다고 믿는 곳을 향해 한 발 한 발짝씩.
뚝-, 울음은 멈추고 진정한 '나의 일'을 위하여.
밤의 어둠으로 씻긴 '나', 그 안에서 진정한 보석 찾아

'나' 이미 한 발 디뎌놓았습니다.

가로등 아래 보슬비 사뿐히 내리는 밤.
가로등과 부슬비가 짝꿍 되어, 마냥 슬픔을 그려 보입니다.
온갖 비밀들이 밤길 타고 몰려와 외로움에 몸 움츠리면,
괜스레 잊은 줄 알았던 이름들 부르게 됩니다.
멀리 떠나버린 이름, 돌아올 수 없는 이름들을.
밤의 적막에서 빠져 나와 하늘의 정기 받아봅니다.
그리고…한 줄기 밝아오는 새벽 햇살에,
출처 모를 훌쩍임에 빠집니다.

바람 세게 부는 밤입니다.
밤의 여정에서 초목들 온 몸 비틀며 심한 몸부림칩니다.
무슨 원한을 토해 내기에 어둠의 멱살 휘어잡고,
주렁주렁 매달린 고뇌의 무게로 축 - 늘어진 것일까요?
쳐내고 쳐내도 새순 자라는 인간의 고뇌라는 고질병처럼.

푸른 잔디위에 가만히 절 눕게 해 주십시오.
눈물 다 쏟고 난 후, 다시 조심스레 시간을 밟고
바람 부는 대로 장님처럼 더듬어 가려합니다.
모퉁이 도는 바람엔 그저 바람에 빠져 같이 돌면서
난 무얼 믿고 "괜찮다"만 하려 합니다.
바람 줄기 사이사이로 외로움 견디는 한 가닥 희망이
꿋꿋한 줄기 되어 날 받쳐주기 때문일까요?
만류인력 힘으로 세상이 나를 꽉 붙들고,

똑바로 서도록 받쳐주기 때문일까요?

달빛 받아 대지에 무늬 그리는 만물들의 그림자 역시,
불평 없는 믿음으로 기다립니다.
어둠속에서도 여전히 부지런히 새싹 틔우는 나뭇가지들,
난 그 간지러움이 느껴집니다.

간간히 눈부시게 찬란한 하늘아래,
날개 접고 인내하며 나를 기다리는 고운 천지.
하 - 고와라!
서둘러 새 옷 차려 입고 감탄사로 환영하는 이 세상!
나는 다시 내 이름 새겨진 하룻길 따라갑니다.

조각조각 그리움 알뜰살뜰 이어보면,
그리움마다 익어 통통 물오르는 사랑 줄기.
이제 와 돌이켜보니 모두가 꽃 이불, 사랑이었습니다.
기쁨도, 웃음도, 슬픔도, 눈물마저도.
이 세상살이 모두 진정 사랑이었음을.

새벽이면 더럽혀진 옷 향긋한 새 옷으로 갈아입고,
말쑥하게 씻은 티 없는 마음으로,
또 한 번 날개 활짝 펴 높이 날기를 시도해 볼 것입니다.
다시 앞으로 나아가기를 바라며.
괜스레 울먹이며 감동하는 또 한 번의 새벽,
천지에 뿌리박혀 자라는 생명마다 조심조심,

빛 가까이 한 발씩 나아가고 있습니다.

가득한 어둠 쫓느라 두 손 쑤- 욱 내밀어 휘휘 저어보지만,
물러서지 않는 꽉 차인 어둠.
밤바람 또한 나를 흉내 내며 어둠 쫓아내려하지만,
빽빽한 어둠은 제 자리 단단히 지킵니다.
자연이 마련해 준 휴식의 시간, 어둠을 쫓는 일이 가당키나 한가요?
올올히 삶 짜느라 잠 못 들어 뒤척이는 이들이,
어둠을 혼란스럽게 합니다.
밤하늘 구름 어디론가 황망이 흘러가는데,
여전히 '난' 가슴 활짝 펴고 이유 없는 반항을 해봅니다.
어둠 뚫고 처마 밑 풍경이 요란히 울어댑니다.
난, 문 열고 밤 한번 휙 돌아보라고 내 마음 내보냅니다.

창자를 에이는 또 다른 새벽의 엄숙함.
가슴 막히게 하는 삶의 표정들.
단단히 포장된 이 세상 숨은 이치를 캐보기 위해
난, 그 앞에 다시 섰습니다.

2

이른 새벽 사랑스런 딸들이 가슴에 파고드네요.
나의 꽃밭에 사랑 꽃 피워주는 고마운 딸들.
엄마가 많이 고마워, 그리고 더 고마워.
너희들은 엄마의 세월 자락에 참으로 많은 사랑을 수놓아 주었지.
너희들은 지금도 엄마를 추억의 꽃밭에서 덩실덩실 춤추게 해주지.

엄마는 너희가 준 Secret Garden CD에,
너희들이 차려 준 스피커 장단에 맞춰 이른 새벽 텅 빈 거실에서
주책없이 신나게 춤추고 있다면 믿어주겠니?
그래, 엄마는 이 나이에도 아직 철없는 아이 같단다.
너희가 엄마를 환상의 꽃밭에서 춤추게 해 주고 있어.
어쩌면 엄마는 이렇게 마지막 날까지 철없이 살다갈지 몰라.
덩실덩실 사랑 춤 춰가며 고마움으로 눈물 주르륵 흘리지.
너희들 엄마에게 안겨주는 사랑은 이토록 대단해!

밤의 어둠 안으로 파고 들어가 어둠 속을 뒤지며
'난' 그 누구를 이토록 애타게 찾고 있지?
얼굴도 이름도 모르는 누구를 왜 이토록 목매어 부르지?
기억조차 없는 그 누구를 왜 그토록 간절히 찾고 있지?
맨발로 뛰쳐나가 별빛 아래 헤매며, 누굴 미치도록 찾고 있지?

새하얗게 질려 눈물범벅 울먹이며 엄마 찾는 아이마냥.

도망치기 잘하는 나 자신을 찾기엔, 밤이 더 좋을 것입니다.
자유 분망하게 돌고 있는 낮보다 술렁임을 멈춘 밤에,
'날' 찾기가 쉬울 것입니다.
때때로 멱살 잡힌 나 자신을 호통쳐줄 수도 있습니다.

'날' 붙잡아 앉혔던 밤마다 나를 재발견하며
재조립해 조심스레 한 발짝씩 삶을 이어갑니다.
비틀 비틀 헛걸음질 하면서 뱅뱅 맴돌기도 하면서
'날 잡아봐라' 술래잡기 하며.
어느 밤 영락없이 붙들려 송구스러워지는 '나'
눈물 뚝, 뚝, 떨어지게 엄한 훈계 받아보는 '나'

무릎 꿇고 앉은 어둠의 한 복판에서 진실로 아름다운 '참 모습의 나'
어쩌다 한번 씩 만나게 됩니다.
있었는지 없었는지 필름 마냥 끊겼다 이어졌다,
아리송하게 삼삼한 추억들이 날 희롱하는 시간.
별님들 방실방실 내 편 되어 하잘 것 없는 나를 감싸줍니다.

내 어이 상 찌푸리겠습니까?
내 어이 '슬프다.'고만 하겠습니까?
내 어이 '힘내어 살지 않겠다.'고만 하겠습니까?
딱 한번 가는 이 외길에서, 헝클어진 생각 올올이 빗질하여
똑바로 세워놓는 훈련이 나에게 필요합니다.

난, 어쩌면 스스로에게 상처까지 내면서
내 안으로 너무 깊이 들어가고 있지는 않은지?
그래도 지친 나, 삶의 어느 한 모퉁이에서 서성일 때
이해와 사랑이란 이름이 곧잘 너그럽게 풀어줍니다.
'신'께선 언제나 저를 시험하십니다.
위태로운 다리 건너게 하시고, 감당하기 어려운 시련도 주십니다.
아름다움으로, 인내로, 자애로, 안전하게 이 '길'
지나갈 수 있으면 좋겠습니다.

총총한 별들 쳐다보며, 나에게 겸손을 가르치고 있습니다.
삶에 도착하는 매 순간순간마다 착하게 가는 길 가르치며,
곱고 아름다운 마음으로 맞아야 한다고 신신당부 합니다.
나 욕심 탈탈 쏟으며 굳은 맹세합니다.

어젯밤 보낸 것과 너무도 흡사한 이 밤,
조금은 달라진 '날' 못 알아볼까, 내 이름 외쳐 고합니다.
내가 바로 어젯밤 간절히 기도드렸던 그 '나'라고.

이유 없는 슬픔이, 뚝-, 뚝-, 굵은 방울로 떨어지는 밤.
이름들은 쇠약해지고 갈길 잃어 헤매는데,
저- 멀리 날 찾는 희미한 불빛 하나 보입니다.
언제인가부터 알몸의 뽀얀 나의 참 모습 보이는 그런 밤을
점점 사랑하게 되었습니다.
나의 뜰 안 가득 쏟아져 내린 별빛이 날 애무해 오는 그런 밤.
그 사랑 믿고 난 내 마음 전부를 하늘에 맡깁니다.

지혜가 살찌는 밤, 난 그 밤을 점점 더 사랑합니다.
비밀과 의문으로 가득 찬 별들의 세상이기도 합니다.
머지않은 날 '나' 당신 만나러 갈 것입니다.
아기 별 되어 정답게 함께 반짝이고 싶습니다.
곧 그런 밤이 보일 듯 합니다.

세상의 알록달록 옷 훌훌 벗어던진 후, 밤 속으로 숨어듭니다.
빈틈없이 포장된 흔들리지 않는 어둠의 비밀을 찾아보려.
하늘에 가득하던 별님들과 하얀 구름도 이불 덮고 잠들었습니다.
별자리들 돌아오는 밤, 우리 다시 만나요.

파르스름한 여명의 눈동자, 무지에서 잠 깨기 시작하면,
보드라운 살도 움츠러듭니다.
이른 아침, 재잘대는 한 무리의 새들.
그 중에 혹 님의 목소리 섞여 있을까 귀 기울여 보지만
기억 속 호탕한 님 목소리 들을 수 없어 많이 슬픕니다.
새롭게 태어나는 또 하루, 이름도 모습도 다른 또 하루,
혹 이날이 슬퍼질지라도 울지는 말아요.
뚝! 울음일랑 멈춰요. 둥가 둥가 해줄게요.
꽃들의 속삭임 꽃밭으로 발길 돌려봐요.
예쁜 꽃과 벗 삼아 꽃밭에서 쉬며 하루 길 가 봐요.

만물이 간곡한 기도에 임한 이 밤의 기도.
난 어쩌자고 장난기 많은 철없는 아이처럼
휘휘 저어 엉망으로 만들고 있지요?

나를 무릎 꿇게 해주십시오. 조용히 기도하게 해주십시오.
그리하여, 이 밤이 온전하게 해주십시오.

만물이 깊이 잠든 밤이면 하늘의 노래 듣습니다.
별님들 더욱 반짝이며 내게만 들려주는 잔잔한 이 노래,
무슨 노래지? 귀 바싹 갖다 대고 귀 쫑긋 세웁니다.
이런 밤이면 나도 뜻 모를 대답합니다. "네, 그렇습니다."
무엇이 그렇다는 것인지도 모르면서 던져놓는 '한 마디'.
하늘과 나의 교신, 거룩한 노래가 소낙비로 쏟아져 내리는 밤.

누구일까? 누구의 말씀일까?
내 가슴 한 복판에 적중하는 이 말씀.
이 '밤의 강' 건너려고 흔들다리 건너고 있습니다.
아래로 흐르는 물살은 잘 보이지 않지만,
한 말씀 듣기위해 떨리는 마음 꾹 참고 건너갑니다.
저- 먼 빛살 한 가닥 아득히 아물거리는 그곳 향하여.

하늘이 눈물 뚝. 뚝. 흘리는 밤
온 땅을 슬픔으로 건너고 있는 밤
어찌해 천지가 이토록 슬피 우는가?
온 세상 슬픔으로 홍수 난 '그런 밤'.

밤 산책길, 뱅글 뱅글 돌아 기쁨이란 놈 잡아보려 하지만
마음만 부풀고 슬픔 안에 주저앉습니다.
그렇게 잃어버린 밤 세노라면, 덧없는 '삶의 장' 막이 내리겠지요?

목메어 불렀건만, 달랬건만, 애원했건만,
기쁨은 손가락 사이로 모래알처럼 솔솔 빠져나가고,
나도 따라 주룩주룩 눈물 흘리는 구슬픈 밤.

별똥 떨어지듯 순간의 반짝임으로 살아가는 생명들.
눈물 쭉- 쭉- 흘릴 낭비의 시간은 없습니다.
신이 내게 주신 생명 윤기 나게 반짝이고 싶습니다.
선과 선 올올이 맞춰 '완전한 반짝임' 되고자 합니다.
웃기만하며 살아가기도 모자라는 이 삶에서.
부싯돌 불꽃 번쩍 튀는 휘황찬란한 이 세상에서,
어째서? 왜? '나' 화려한 어깨춤 덩실 추지 않겠습니까?

빛이여! 빛살이여! 좀 더 세게 내게 비춰 주십시오.
빛살에 실려 이 세상 한 번에 쭉- 미끄러져 내리겠습니다.
세상 위태롭게 줄타기하는 '곡예사'처럼.

아무것도 어둠에서 뛰쳐나가지 못하는 밤의 삼엄한 경계.
시간의 자리 펴고 밤은 밤마다 하나 되어
이 밤도 조금 더 서쪽으로 움직이고 있습니다.
어둠속에 천지는 누군가 그려놓은 '한 폭의 그림'.
그 그림에서 쌔근쌔근 숨소리 들립니다.
푹 꺼진 생명에 바람 불어넣는 살아있는 소리들.
그 안에 사랑 가득 채운 뒤, 다시 들려오는 소리들.
난 또 밤을 그리는 화가로 그림을 마치고
차곡차곡 붓을 챙겨놓습니다.

요리하는 요리사로 밤참 요리를 마치고,
앞치마를 벗어 곱게 챙겨놓습니다.

사막에 핀 꽃 한 송이처럼 귀하게 피운 새벽이
기지개 켜가며 행진곡에 맞춰 밝아오고 있습니다.
종종 걸음으로 기 빳빳이 세우고 눈에 불 켜고,
어디쯤 오셨나 보이진 않지만 점점 가까이
새벽안개 휘- 쫓아내며 점점 가까이 오고 있습니다.

밤사이 인간들의 풀지 못했던 상념들,
휴지처럼 펄럭여 마구 떨어져 내리는 새벽.
빨간색, 노란색, 파랑색, 알록달록 버려진 껍데기 조각들,
나의 앞치마에 주워 담아봅니다.

3

새벽이 오실 때면 바삭한 공기 첫 손님으로 맞습니다.
반가이 안겨오는 막 태어난 아기 공기들.
포옹으로 입맞춤으로 하루를 살찌우는 그 이음.
그 안에서 내가 자랍니다.

밤사이 봄이 소복이 밀려와 낯설게 합니다.
살며시 오신 봄 손님, 눈 휘둥그레 맞습니다.
어느 결에 앞뜰에도 뒤뜰에도 봄이 앉았습니다.
무엇 타고 오셨나? 누가 데려다 주셨나?
새들도 잠 깨면 놀라서 짹짹거릴 겁니다.
어서 어서 일어나 보아요. 봄이 왔어요.

희미한 어둠속에 보이는 것들, 혹 귀한 진주인가 싶어
하나 둘씩 주워 담습니다.
햇살 아래 펴 놓고 하나 둘 살펴가며 고이 간직합니다.
80여년 이야기 마무리 짓겠다며 꼭두새벽부터 부산을 떱니다.
일기 예보는 쾌청, 갈 곳도 없는데 허둥지둥 서두릅니다.

여전히 가로등 불 밝히는 밤!
보이지 않던 내가 숨바꼭질 하듯 나를 골리고 있습니다.
구름 헤친 가려졌던 별들이 영롱히 반짝여,
갑자기 사방에 내가 점점 많아집니다.
많은 내가 한꺼번에 외치는 소리.
하지만 뭐라 하는지 짐작할 수 없는 소리.
'나' 간절히 그 소리 들으려 바싹 귀 기울입니다.
그 소리 들으려 밤의 도포자락에 매달려 애원합니다.

어둠 속에서도 꽃은 여전히 피고, 열매는 여전히 익어갑니다.
인간들은 꿈속에서 더 큰 집, 더 큰 궁전을 짓습니다.
모름지기 만물이 통통 살찌고 있는 비옥한 밤입니다.

어둠을 미끄럼 타는 그 오묘한 기교.
난 그런 밤 헤치지 말아야겠지요.
나도 숨죽이며 조용히 영혼의 살 찌워야겠지요.

녹음 사이 별빛이 춤추는 새벽,
별들 총총한 밤 숲길 헤쳐 나와
초롱초롱한 꿈 새싹 틔우는 어린 생각들 키웁니다.
꿈속을 헤매며 갈래갈래 열어온 길 위의 새벽 줄타기.
내 이름 위로 '가엾어라' 호호 입김 불어넣으며
해 뜨는 방향을 향해가는 작은 중생.
추운 손 호호 불어가며 한 생명에 공들이는 시간.
가시밭 헤쳐 나가느라 휘청거려온
시큰 거리는 코 끝, 악 물린 어금니 꼿꼿이 세워놓기 위해.

목숨들 한꺼번에 잠 깨어 우수죽순처럼 자라는 길.
열광하며 떼 지어 복작복작 살아가는 우리 인생.
오월의 가득한 울창함에 힘입어,
전과는 다른 모습으로 나도 쓰윽-, 오월을 지나갑니다.

탁한 어제로부터 재충전 하는 새벽.
내 마음은 이 새벽 잊지 않으려 사진 찍기 한창입니다.
돌아오지 않을 이 순간, 비운다 하면서도 싹을 몰래 틔우는 생각들,
그것들 호주머니에 소중히 주워 담느라 푹- 빠져듭니다.
허둥대는 마음, 점차 성급해지며 휘갈겨지는 필체.
붙들어 말려도 속력 내어 달리는 마음.

아직도 악착같이 시간에 올라타고 높아지는 촉수.

새벽마다 '새 날' 또 하루로 향하는 설렘,
이 길의 도착 지점에는 어떤 모습이 반기려나?
점점 더 높이 쌓이는 이 설렘의 끝에는 또 무슨 꽃을 또 피우려나?
먼동에 안겼던 정들마다 마지막 포옹을 느슨히 푸는 새날 아침.
삶의 행각을 되풀이하기 위해 뿔뿔이 길 떠납니다.
종점으로 나아가기 위한 꽉 차인 시간표가
내 앞에 가지런히 놓여있습니다.
어둠이 끝나는 그 끝을 더듬어보며,
기어코 난 떠나기 멈추지 않을 것입니다.
간간히 더렵혀진 손 씻어가며.

어둠이 채 걷히지 않은 시각,
바람이 만물의 어깨를 살랑살랑 흔들어 깨우고 있습니다.
문만 열고 바라볼 뿐, 거기로 가기에는 몰려오는 두려움.
무거운 잠 견디지 못해 어둠 파고들어 허우적허우적,
이불 안으로 파고드는 새벽의 졸음.

난 잠 깨기가 무섭게 못다 센 별 다시 세어봅니다.
평생 세어도 못다 셀, 별 세기에 억지스런 '나',
참으로 어리석지요?
흐린 날에도 구름 안으로 파고 들어가
숨은 별자리 찾아보는 어리석은 고집.
만물은 착착 연이어 싹 틔우고, 봉오리 맺고, 꽃 피우고 지고,

수많은 세월 지나도 하나부터 다시 시작하는 별 세기.
진실은 겉옷 던져놓고 점점 더 깊이 숨는데
어딘가에는 있을 거라며 '난' 또 다시 방문 열고
저 멀리 하늘 끝으로 눈길 보냅니다.

수많은 날들 후에도, 무수한 밤들 후에도.
시간에 통로 더 깊이 파고들어가 무엇을 찾기 바라지?
눈에 불 켜고 '난' 또 무얼 탐하는 것이지?
됐다고 이만하면 됐다고, 아무리 일러주고 타 일러도
못 들은 체 모르는 체 막무가내로, 왜 아직 동굴 안을 헤매지?

욕심에 급급 하는 인간들에 섞여
'난' 진정한 삶의 길은 잊고 있었는지 모릅니다.
밤하늘 반짝이는 별빛, 그 아래 고요한 숲길,
한때는 나의 환자들을 걸어보게 하고 싶었던 길.
새날마다 천지의 문이 열리면, '난' 시간의 벽에 기대어
벅찬 가슴 안고 다시 그 세월 따라 달리고 싶습니다.
함부로 던질 수 없는 줄달음치는 귀중한 생명.
시작되는 이 하루 내 것으로 만들려 구슬땀 흘립니다.

새벽이면 세월의 수레바퀴 돌아가는 소리.
별빛 수놓인 아래, 화려하게 꽃단장하고 달리는 그 소리,
수목들 사이 비밀 통로 지나, '나' 실은 수레는 달립니다.
촉촉이 젖은 뺨의 눈물 말리며, 한 번 더 미소 띠우며.

난, 지금 슬픈가? 기쁜가?
번갈아 다가오는 이 두개의 질문 앞에,
반반의 웃음과 반반의 울음으로 대답해 보는 '나'.
절정의 슬픔과 절정의 기쁨 사이 지그재그 갈지자로 오가며,
쌕쌕 숨소리 비틀 비틀 그 길에 깔아가며.

별님들과의 만나는 신비한 새로운 장(chapter),
열리고 닫히는 무수한 새날을 빠짐없이 사귀어 온 우리.
시간과 공간에서 우린 모두 진정한 벗입니다.

제 자리 지켜주고 반짝임 가르쳐주며,
별님들과 만나온 세월은 참으로 대단했습니다.
산장에서, 바닷가에서, 벌판에서, 빠짐없이 날 지켜봐준 별님들,
나의 방황까지도 지켜봐 준 비밀 없는 나의 별님들.
그 별님들 아래서는 '나' 아직도 철없는 아이.
별똥 지시로 내게 무어라 했지요?
나 둔하여 그 지시 알아차리지 못했습니다.
그 가르침 멈추지 마십시오.

생명 이어지는 한 끝낼 수 없는 이 끈질긴 버팀.
이제 그만 자리 펴고 누우면 안 될까요?
이 지점 어디쯤에서.

천지를 휘돌던 방황하던 마음이 막 내리려는 밤,
좀 쉬어야 할 시간, 잠재울 시간,

그 마음 대자연으로 좇아봅니다.
뒤 돌아 보지 말고 훨훨 날아보라고.
다음 막이 올라가기 전까지는 돌아오라고.

내겐 비어있는 시간이 너무 많은 가 봅니다.
채워도 아우성치는 욕심으로 채워진 공간,
허무로 넘실거리는 그 광활한 공간!

밤은 길게 둘려진 병풍처럼 하루를 연결하고
생명들 키우느라 무겁게 어깨가 휘었습니다.
나 또한 바쁘게 세상을, 세월을 돌리는 생명 숫자 맞추는 한 일꾼.

나의 작은 보금자리 정원에 곱게 꽃 피우는 꽃 한 송이
눈물 삼켜가며 진실이란 이름으로 방긋이 열리고 있습니다.
폭풍 견디며 차가운 눈발 아래서도 꽃잎 피워가는
단단한 목숨의 꽃 한 송이.

새벽달이 엷은 구름 뒤편에서 간지럽게 드러내면,
괜스레 숨어있는 달 꾸중하며, 난 무엇인가 기다립니다.
삶이 동그스름하게 보이기를 인내로 기다리며,
귀한 시간을 새롭게 만나기 위해 내 마음 다독입니다.

보름달과 어울리는 별들의 천지,
생명은 복종을 배우며, 하늘의 보호아래 진실로 아름답습니다.
'난' 새벽의 속살을 더듬으며,

거부할 수 없는 하얗고 푸르스름한 진실을
놀램 속에 새롭게 한 수 배워 봅니다.
밤이 아름다움은 진즉에 알았지만, 이 밤 따라 더욱 아름다워
'나'를 모두 던져 밤의 품에 안겨봅니다.
태양이 자리 비우는 밤마다, 만물의 안녕을 위해 달님이 보초 서며
또 다른 밤의 포옹을 기다립니다.
새 날이 당도하기 전 밤의 어둠속으로 숨어들어
포근한 살 냄새 다시 맡습니다. 나의 두 뺨 마구 부비며.

나의 살과 뼈와 같이 함께 해온 아담한 나의 보금자리.
밖에 나가 문마다 활짝 열고 타인인양 보금자리 들여다보다,
흘러나오는 음악과 넘치는 가족사랑 온기에
내가 이 집의 주인임이 참으로 행복합니다.
삶의 먼동 트는 순간에 신께 감사드립니다.

별들 사이 조용히 흐르는 흰 구름 한 조각이
세월이 흐르고 있음을 증명해 보입니다.
'밤' 바람 춤에 사랑은 서로 두 손 깍지를 낍니다.
'나' 무거운 짐 내려놓고 세월 따라 길 떠나 보렵니다.

같은 장소의 서성임일랑 이제 멈추고,
날개 활짝 펴서 바람 따라 조심스레 날아보아도 될까요?
때론 별빛 옷 받아 입고 빛처럼 훨훨…
'나'만이 날 다스려 갈 수 있는 이 길에
바람이 세게 불어오면 하늘을 꼭꼭 밟으며,

더는 흔들리지 않으려합니다.
별들 헤이며 세월의 책장 한 장씩 넘깁니다.
세월 안에서 난 얼마나 많은 걸 배웠던가요?
읽혀진 장수만큼 무겁게 쌓인 뒤편의 세월
그 자락에 물들어 온 알록달록 사색의 빛깔들.
멀리 길게 아롱져 남았습니다.
존재의 뜻 알지 못해 고뇌할 때마다,
별님 가득한 밤하늘은 묵묵히 인생 한권의 페이지를
한 장씩 조심스레 넘기라 합니다.

며칠 동안 홀쭉해진 '달'이 좀 추워 보입니다.
'나' 이젠 수그린 고개 살짝 들어봐도 될까요?
화살표로 표시된 길을 거부하면서
저리로…, 사방으로…, 제멋대로…, 비뚤게…,
함부로 삶의 길 만들어 왔습니다.
신이여! 이젠 그만 나를 정해진 한 자리에 앉혀 주십시오.
내 마음 표시된 길에서 똑바로 걷도록 살펴주십시오.
아득하게 뻗힌 길 굽어 살피며, 저 멀리 멀리도 굽어 살피며,
아무것도 보이지 않으면 다시 아쉬워하더라도.
깊은 슬픔의 수렁에 빠지더라도.

언제나처럼 무겁게 내리는 밤의 침묵.
깊은 생각들 몰고 우주는 여전히 전진 할 뿐.
조심스레 한발씩 시간 속에 빠져 요리조리 꿈을 짜며,
두 손 한껏 내미는 밤.

무겁게 내리는 침묵이 공연히 날 무얼 찾아 헤매게 합니다.
찾을 것 다 찾기에는 너무 늦어 버렸나 싶은, 어느 날.
새날을 향해 마음의 창문 열어봅니다.
푸른 옷 갈아입고 동심으로 돌아가 달려 나갑니다.
쌔- 한 바람 빰에 맞으며 아직은 목숨 있어 나아갑니다.
세상 어느 모퉁이 한 그루 나무처럼,
'나' 여기에 꽂혀 숨 쉬는 목숨 곁눈질 하며
의문으로 꽁꽁 뭉친 이 한 모퉁이 성심으로 지키면서.

4

먼 곳으로부터 새날이 종종 걸음 쳐 내게로 오고 있습니다.
어둠 휘- 쫓아내며 가까이 오고 있습니다.
속삭이는 귓속말 잘 알아들을 수는 없지만
오늘을 살아갈 이런 저런 길 알려주어, '나' 고개 끄덕입니다.
새날에 깍지 걸어 한 맹세 잊지 않으려, 감동하고 구슬땀 흘려가며,
꿋꿋하게 인생길 헤쳐 갈 것입니다. 최선을 다할 것입니다.

차곡차곡 쌓인 적막 안 무서운 훈련이 한창인 이 순간,
반짝이는 영혼 내 이름으로 우뚝 서서

두려움 떨쳐버리고 어둠의 심장으로 파고듭니다.
황황히 날 찾아 '나' 점점 더 깊이 들어갑니다.
그 비밀의 동굴, 그 짙은 어둠 속으로.

잠에 취해 밤의 한 부분을 놓치고 나면,
'난' 너무 많은 것을 잃어버린 것 같아 슬퍼집니다.
어쩌다 그만 잡았던 엄마의 손을 놓아버린 것처럼.
깨어있는 밤, '난' 그 밤들을 사랑합니다.
밤의 소야곡. 굳세게, 질기게, 삶을 이어가는 그런 밤은
나를 이끌어주는 밧줄입니다.
힘찬 발맞춤 우렁차게 펴져나가는, 밤이 이어주는 아침의 행렬.
아무것도 지나칠 수 없어
전부를 끌어안고 '아까워라' 살아가는 '나'.
별들의 반짝임도 내 눈동자에 닿아, 착한 아이로 남게 해 주십시오.
겉보다 속의 내가 더 예쁘기를,
거울에 비치는 모습보다 보이지 않는 내가 더 아름답기를.

그물 같이 꽉 짜인 천지 안에 꼼짝없이 사로잡혀
벅차게 숨 쉬며 살아가는 순간들.
왁자지껄 만물들이 분주히 살아가는 그 안에 끼어,
한 시대를 함께 사는 참으로 거대한 움직임!
주르륵 흘러내리는 내 눈물의 뜻을 알지 못하면서,
그렇다고 뒤척일 수만은 없는 이 삶의 행렬.
문 살짝 열고 이 밤에 잃은 것은 없나 연신 기웃거리며,
넓게 펼쳐진 세상을 빠끔히 내다봅니다.

나 무엇이 관대 이토록 어둠 안에 담긴 모두를 걱정해야 하지요?
내 마음 조용히 앉혀 주십시오! 신이여!
헛된 꿈에 빠져 들지 못 하도록, 붙들어주십시오!

만물은 저마다 자기 영역 넓히느라 버티고
저마다 "나야, 나" 외치는 소리, 참으로 장해 보입니다.
순하디 순한 것들까지도 '사상가' '시인'들의 소리를 부르짖으며.

하늘엔 초롱초롱한 별님들 조용히 만물을 지키는 이 밤.
빽빽한 질문의 '물음표' 천지에 가득히 수놓인 엄숙한 이 밤.
그리고, 우리 모두 복종을 배워가는 '밤'!
감은 눈으로 모두를 깨우쳐가는 이 '밤'!
마음에 무수히 직선의 줄긋고 있는 이 '밤'!
앞으로 달리기만 하려는 마음들 끌어들여 앉힌 후,
주어진 시간으로 난 다시 또 덥석 안깁니다.
천지가 하나 되는 이치를 깊이 깨우쳐 '나' 굴복하는 순간,
꿇어앉아 두 손 가지런히 모읍니다.
어김없이 똑딱 똑딱 걸어가는 시간의 돌림 안에서,
마음대로 아무렇지 않게 빠져 나올 수 없음을,
재확인하는 '밤'입니다.

다시 시작으로 돌아가기를 무수히 해 온 한 복판에서
별님들 내려주시는 정기 받으며 울렁거리는 가슴.
안과 밖 연결하여, '난' 매일 앎과 무지를 건너는 다리를 놓아봅니다.
무엇을 위하는지 모르는 이 벅차고 간절한 행위.

그냥 "바람처럼 살아가라"고 아무리 타일러도,
마냥 목 놓아 울고픈 마음, 마냥 매달리고픈 마음.
나를 모두 던져야 목숨 지탱해 살아가는 진리!

별들에게 매달려 삶의 길 열리길 간구해보는 순간
별님들만 믿고, '나' 지금 다시 마음의 옷 갈아입힙니다.
시냇물에 발 담그고, 삶의 알갱이 인양 예쁜 조약돌 찾아봅니다.

먼동 틀 때, 알에서 깨어나듯 매일매일 새로이 태어나고 싶습니다.
'나' 이만큼 자랐어도 매일매일 '새 살' 돋기 바라며.

어림조차 할 수 없는 삶의 여정 지도 한 장 들고,
채찍질 하며 달리다 괜스레 한 번씩 울먹입니다.
잠시 쉬어가고 싶은데, 자석에 끌리듯 다시 울며 달리게 되는.
여명에 눈 가만히 감아보면 불 켜진 촛대들 줄지어
인간을 훈육시키는 엄한 모습들 또렷해집니다.

밤마다 달과 별들로 장식되는 아름다운 천지.
난, 그 동화속의 작은 주인.
은총 쏟아지는 천지 한 복판에서 '나' 또 하루 선물 받고,
꿇어앉아 나의 기도는 시작됩니다.

종이 칩니다.
그 열광의 순간에 다시 일어서는 힘!
떨어진 꽃잎들처럼, 벗어놓은 옷 같은 어제를 내려다보니,

그 위로 떨어진 눈물 자욱 위로 햇살이 쉬고 있습니다.
무얼 믿고 또 한 번 들려올 종소리 애타게 기다립니다.
지루해도, 슬퍼도, 아파도 가야하는 이 길.
이왕이면 장군처럼 가야지. 꽃 피울 새날에.
칼 차고, 헬멧 쓰고, 늠름히.
지금은 구석에 숨어서 기다리지만,
새날은 결국 '나'에게 안겨와 주리라 믿고.
그 안에 안기어 행복해야 한다고 일러주면서,
아직은 멈춤 없이 가리라 믿고.

한발씩 앞으로 발 옮겨 놓으며 분주하게 남기는 표시
칼날 세워 진실 복판에 남기는 살아있는 진실.
아픔은 익어 점점 더욱 더 단단해지는데.

만물이 조용히 기다리는 시간, 그 중심으로 숨어들어
비밀 찾아보려 정적 흔들며 헤매는 마음.
그림자 남기지 않아 아무도 '나' 헤맸음을 보지 못해 누구의 꾸중도
없었지만, 하늘의 별님들은 숨어들어 헤맨 '날' 분명 보았을 것입니다.

실눈 달이 나뭇가지 사이로 무얼 훔쳐보는지 정신팔고 있는데,
그 사이 온 세상이 신비스러움으로 열리면,
벅차게 문 열고 들이닥치는 희열.
자연과 더불어 '나' 분명히 이 세상 다녀가고 있음을,
가슴 울렁이며 느껴봅니다.
알알이 박혀 천지에 무늬 놓고 있는 이 삶.

감격으로 흘리는 눈물에 흠뻑 젖어 살아갑니다.
불평도 원망도 싸- 악 씻어 보내고, 소복이 '감사함'으로.
발갛게 물든 마음의 깃 보듬어 안고,
이 길에 고개 숙여 섰습니다. 먼동 트는 그 앞에.

꽃망울 한 송이 깊은 꿈에 젖어 있듯이
'나'도 꿈에 푹 젖은 채 기다립니다.
생명과 죽음이 맞물려 지나는 날에.
알에서 병아리가 곧 태어날 것 같은 '새벽'
아직은 풀지 않은 신비의 보자기에 싸여 있는 '새벽'
새날이 무엇인지 내게 알려줄 것만 같은 '새벽'
난 인내로 기다립니다. 믿음 안고 조용히 기다립니다.
자질구레한 근심 툴툴 털어 비우고 잔잔한 물결인양
새 옷으로 갈아입고 새로 태어난 아기 생각들 데리고.

무엇을 위한 북소리일까? 세월 줄에 매달려 점점 더 높이
요란한 속력 내어 앞으로 나아가는 '힘',
분명 어떤 의미가 있겠지요?
자질구레한 의문들일랑 옆으로 밀어놓고,
나도 함께 뛰어나갈 시간입니다. 환히 트인 밝음으로.

내 마음 포근히 감싸 주는 다시 정적, 이 평화로움.
시계추 마냥 온 몸 흔들어 새날에 균형 맞춰가기!
언제나 이 '새날'이 처음인 것처럼.
난 어쩌면 '순간'에 태어나 '순간'에 떠나는 목숨.

때론 뜨겁게, 때론 또 차갑게.
조심스레 한 발짝씩 신비의 하루를 향해,
삶의 사립문 가만히 열면 놓치고 싶지 않은 또 하루
연이어 다가와 내 마음 설레게 합니다.
만물이 쉬쉬하며 기다리는 새날마다,
오늘은 또 무슨 아리따운 꽃을 피워볼까 궁리에 빠져들며.

5

사랑 드리운 그림자 안에, 두 팔 활짝 펴는 새벽의 고요.
반겨 안아 죽어도 좋을 만큼 행복해 지는 때!
사랑에 취해 비틀거립니다. 사랑에 묻혀 눈물 흘립니다.
내 마음에 안겨 가득히 반짝이는 따다 모아 온 별님들!

온 하늘 덮쳐 신나게 뛰놀던 별님들,
모두 제 집으로 돌아가 텅- 빈 하늘.
그 별님들 엄마 품에 안겨 곤히 잠들었나 봅니다.
그래서 내 속삭임 들을 수 없나 봅니다.

성미 급한 사람처럼 정착 못하고

일생이 이렇게 또 후닥닥, 저- 하늘 별들처럼 왔다 가나 봅니다.
새벽의 고요 안에 삶을 직선으로 바라보면,
눈앞에서 선뜻 펼쳐 보이는 꺼칠한 모습,
한 뭉치만도 못한 우리의 한 삶.

방황은 이제 그만. 입 꼭 다물고 기다리다가,
'나' 얌전히 어느 한 지점에 이르면 그때 다시 하룻길로
한 마장씩 참하게 앞으로 따라가 볼 것입니다.
사랑의 줄타기에 새싹 움 돋는 새벽의 꿈틀거림.
마음에 간지럼 파릇파릇 새잎 돋는 '사랑'에 힘입어
정신없이 내려가는 또 하루의 길.
꿈나라에 밤새 갇혔던 마음들
밝은 날 툭 트인 세상 향해 도망치듯 다시 질주합니다.
알록달록 상념들 무얼 찾느라 성급히 달려갑니다.

새날에 밖으로 통한 문 열면,
기다렸다는 듯 우- 안으로 몰려들어온 바람.
밤새 쌓였던 허망한 공상들 모두 쫓아 보내는 바람.
그리하여, 새 사람으로 태어나는 '생명 갱신(renewal)'!
서둘러 비좁게 앉은 하룻길로 비집어 뚫고 들어가
또 한 번의 용기로 또 다시 선뜻 발 들여 놓습니다.

우리 집 정원엔 밤이면 옹기종기 어둠에 몸 듬뿍 맡긴
'돌 탑' 석제품이 살아납니다. 제자리 단단히 지키며
'신라의 달밤' 불러와 정원 듬뿍 휘황찬란합니다.

옛 용사들 기상 닮은 혼들이 '나'를 강하게 키웁니다.
아무도 날 건드리지 말아요!
내 가슴 한 복판에 용사의 피 들끓어
어쩌면 화랑의 하얀 피 흘릴 수도 있으니까요.

영롱한 별빛아래 고요히 자리 잡은 녹음, 아름다운 천지!
누가 만들어 놓았을까요?
이 가득함에서 어떻게 내가 불평할 수 있을까요?
이대로 '나' 천지에 섞여 마냥 행복하려 합니다만.
밤하늘 쳐다보지 않는 사람은 불쌍합니다.
한번 쯤 밖으로 나가 밤하늘 별들을 보십시오.
한 폭의 그림 안에 자신이 섞여있음을 보게 될 것입니다.
진정한 삶을 알려거든, 반짝이는 별빛 아래 서 보십시오.
헝클어짐 없는 밤의 품안에서 한번 쯤 생각해 보십시오.
빈틈없는 고요한 짜임새 안에 인내로 기다리면
절대 이탈할 수 없는 내가 어렴풋이 보일 것입니다.
꽉 짜인 질서 안에 줄지어 선, 천지 만물이 보일 것입니다.

새벽 공기를 뚫고 들려오는 소리 있어 귀 기울입니다.
내게로 오는 그 외침, '나' 그 소리 간절히 듣기 원합니다.
가느다란 실바람에 빗길로 사라지는 소리.
나, 어찌하면 그 소리 들을 수 있을까요?

내게 주어진 한정된 세월이 이미 끝으로 치닫고 있는데.
빽빽한 추억 비집고 이름들 목청 터지게 불러봅니다.

깊은 잠에 빠진 영혼들 흔들어 깨워보지만
눈 꼭 감은 추억은 깊은 잠에 묻혀 답이 없습니다.
집 밖엔 여러 차례 번갈아 이미 봄이 지나갔고,
봄도, 여름도, 가을도, 겨울도 수없이 번갈아
바람과 함께 지나갔건만,
난 여전히 여기서 하염없이 기다리고.

화창했던 날들은 모두 갔습니다. '날' 흔들어 놓고.
바람같이 한 바탕 무도회도 끝나 군중들은 흩어지고,
어수선한 빈 공터에 나 홀로 남아 서성입니다.
빈 들판에 그림자 하나, 어디로 갈까 두리번거립니다.
흐르는 눈물 꾹꾹 삼켜가며 갈 곳 모르고.

별똥 하나, 무엇이 그리 급해 하늘을 가로 질러
금 하나 쫘악- 그리며, 휙 - 지나가 버린 하늘.
무엇이 그리 급했었나요?

창밖으로 고개 내밀어보면,
밤새 날 기다렸다는 듯 '날' 반기는 만물들.
함부로 살지 말아요. 너와 나 하나인 세상에서
나를 위해 너를 위해 착하게 살아요.
이 눈물겨운 세상에서 아무도 다치지 않게.

보이지 않던 세상이 난데없이 새 얼굴로 나타나, 날 놀라게 하는 새벽,
깊은 진실에 잠겨 차분히 가라앉은 모습들.

이제 '나'더러 어떡하라는 것입니까?
까불대며 우쭐대던 만물들이,
이 새벽엔 왜 모두 고요한지 모르겠습니다.
먼동 앞에 남은 것 탈탈 털어 쏟아 붓고 어디든 훨훨 날고 싶습니다.

동화 속 같은 세상.
그 안에서 별들 거느린 주인들마다 세상을 무겁게 끌고 갑니다.
남은 길 고개 갸우뚱 해가며, 시간의 계단 밟고 부지런히.
우리 모두 함께 가고 있습니다. 너도 나도 어딘가의 끝을 향해.
하나의 포옹 속에 우린 모두 형제.
우리 함께 저- 소리 들어보아요.
이름 하나 하나 잊지 않고 불러주는 저 소리 들리나요?
난, 옆 자리 당신과 그 옆 당신께도 미소를 보냅니다.

비밀의 왕국인 양, 하늘 가득 비밀 보따리 풀어놓는 별들의 운행.
별 하나씩 따 갖고 오고픈 충동.
그 운행 아래 우두커니 밤을 지키는 가로등,
그리고 반딧불인 양 이 순간 어쩌다 불 킨 '나'.
밤이 내 자리 손짓해 알려 줍니다.

별님들 모두 하늘에 꼭꼭 박힌 구슬 인양,
하나씩 세어가며 아끼는 마음.
입 열까 말까 망설이는 별들 아래 기다립니다.
속 시원히 말해 주십시오. '나'를 만나게 해 주십시오.
밤마다 대답 기다리며 두 손 모읍니다.

꼼짝 않고 제 자리 지키는 밤.
그 밤 괜스레 그 옆구리 한번 '쿡' 찔러보고 싶습니다.
깊숙한 끝까지 파헤쳐 뚫고 들어가 보고 싶습니다.
내 몸과 마음을 일자로 '차렷' 시키시는 당신은 누구십니까?
남은 시간 긴박해 서둘러 무릎 꿇습니다.
어서 말해 보십시오. 살아있다는 것이 무엇인지.
그 대답 목마르게 기다립니다.

6

마음과 몸이 같지 못해 가득한 후회 낳아놓고,
면목 없이 부끄러워 고개 수그립니다.
무슨 염치로 그래도 또 다시, 천지에 매달려 빕니다.

외로움의 상징, 내 사랑 별님들!
밤마다 어김없이 제 자리 고수하며, 그 높은 곳에서 왜 그러고 있지요?
무슨 이유로 내 얼굴 보이면 방실 웃어 보이며.
별 하나씩 따다 내 곁에 두어, 낮에도 함께 속삭이고 싶습니다.

별님들은 내 비밀 모두 알고 있지요.

내가 무얼 원하는지도 다 알고 있지요.
'나' 외길 택해 어디로 가고 싶어 하는지도, 모두 다.
날 꼭 찾고야 말겠다며 울먹이며 가고 있는 것도.
외로움 참아가며 기어코 이 길 고집하여 가고 있는 것도.
그 뜻 모두 별님들은 알고 있지요?

자신을 가둬두고 솔선하여 나에게 벌주어가며,
외길 고수하는 어리석다면 어리석은 '나'.
이토록 간절하게 바람은 오직 '나'를 찾기 위해.
보름달처럼 내가 환하게 보여 질, 그때까지.
새벽이면 나의 창 열고 별님께 음악 들려줍니다.
나 잊지 말아 달라 간청하며, 나의 소원 속삭여 알립니다.

사랑의 주파수에 실려, 어둠 속에 내가 더 잘 보일 것 같아
샅샅이 뒤졌지만 빈손으로 돌아와 잠 설치는 밤.
보석 상자인양 별님들 더 수놓인 천상의 화려함!

어느 구석진 장소 한 가닥 불빛 아래
떨고 있는 고독한 생명의 그림자 하나.
나의 작은 그림자 보았습니다. 휘청대는 그림자,
충성으로 '날' 지켜온 고마운 '내 그림자', 보았습니다.

이제 그 그림자 울게 하지 않을 것입니다.
더는 외로움에 떨게 하지 않을 것입니다.
나의 그림자 세워주기 위해, '난' 지금 허리 쭉- 펴

키 높이로 섰습니다.

불빛 아래 한 쌍, 나와 나의 그림자.

무섭도록 엄숙한 밤의 표정! 만물이 날개 접는 그런 밤.

난, 둥근 달님 내 방에 들인 후, 붙들고 울었습니다.

무작정 한참을 그냥 울었습니다.

이유를 묻지 않고 잠잠히 내 눈물 받아주고

포근한 품 내어주는 달님, 고맙습니다!

처량한 달빛 아래서 '처량함' 배워온 세월.

하지만 모두를 '세월 탓'이라고만은 말아야지요.

묵묵히 제 자리 지키는 '달님 탓'이라고도 말아야지요.

그저 세월 따라 바람처럼 솔솔 몰려온 처량함.

그냥 그렇게 내 앞에 당도했을 뿐인 것을.

난 지금 그런 '나'를 종이위에 그려볼 뿐.

하늘에 가득한 내가 무척 아끼는 나의 보석 상자, '하늘'.

모두 제자리에 있나 점검하고 안심하는 '나'.

거기 어디에 찰싹 매달려, 떨어지지도 않고,

어디서 누가 그렇게 꽉 붙들고 있기에.

같은 자리에서 기다려 준 어젯밤 남겨 놓은 만물들에게도

난 소리 외쳐 감탄합니다.

이유 모를 흥분에 휩싸여 들썩이며 시작하는 하루.

여기까지 오면서 '난' 얼마나 커졌을까? 얼마나 자랐을까?

구하는 답은 아무것도 얻지 못했는데.

바닥에 두 발 곧추 세워 방황의 그림자 어지럽게 그려가며,
바람 몰아치는 대로 숨 꼬리 모퉁이마다 돌아온 동그라미.
걸어도 걸어도 난 왜 제자리 벗어나지 못하는지?

변함없이 날 찾아주는 사랑스런 조무랑 별님들,
이 밤엔 별님들과 치그득 치그득 장난이 한창인 것은,
분명 내가 살아있다는 증거.
어쩌면 삶의 비밀의 답은 별들에게서 찾을 것만 같은 예감.

내가 왜 이러지?
땅에 발 꼭꼭 디뎌가며, 땅 쾅쾅 밟아가며,
누구를, 무엇을, 호령해 보느라 다리에 힘주어,
이토록 무서운 표정 지어보는 거지?

새벽엔 비밀의 껍질 벗기려는 꿈틀거림!
'난' 가만히 눈 감아 버립니다.
별님들은 여전히 저 높이에서 묵묵히 시침만 떼고.
어이해서 제 자리 꼭꼭 지키는 나무 닮지 못하고,
어이해서 제 자리 어김없이 지키는 별님 닮지 못하고,
슬픔은 눈물은 어이해서?

별님들, 언제쯤 말해 주시렵니까? 삶의 숨은 이치를.
삶이 속력 줄어가며 끝나려는 이즈음.
오랜 세월 후에도 '나' 여기서 기다립니다.
어둠으로 빈틈없이 채워진 밤.

그 안 어느 성의 담에 박힌 돌 하나처럼,
고뇌의 모형으로 박혀 참으며 기다려 온 '나'
이 삶 다 하기 전 어서 말해 주십시오.
그 성의 이름만이라도.

심어 놓은 사랑이 활짝 꽃 피는 새벽이면,
떨구어 놓은 사랑 부스러기들 떨어진 꽃잎인양
바람에 한잎 두잎 날립니다.
또 다시 꽃씨 손에 쥐어주며, 날 다그쳐오는 또 다른 아침.
인간 바람만 조용히 불어준다면, 이대로 날 지켜 나갈 수 있을 것 같아.

반짝이는 별님들 세다 숫자 틀려 다시 세어봅니다.
별님들 사이로 비행기가 가짜 별 행세하며,
반짝 반짝 버젓이 지나는 하늘 아래
떠들썩하게 꿈틀거려 아프게 흔들리는 천지.
어째서 '나' 세상 걱정 짊어지려 하는지요?
그냥 내길 따라 숨 쉬며 살아가면 될 것을.
그런데 자꾸 마음이 아파져 와서,
마음이 자꾸 아프다고 보채 와서,
그 마음 달래다 보니 그만.

나, 이 세상 알아야겠습니다.
시간을 한 뜸 한 뜸 정성으로 이어왔기에
고뇌의 그림자 쫓아내어 '새 소리' 무늬 놓인 삶.
요란하지 않은 고운 삶 한 폭에 남기고 싶습니다.

사방 깊숙이 빨려버릴 듯 한 천지.
내 마음에 남겨 놓는 그림 한 장.
가로등 하나 달님을 보초서는 새벽.
내 마음에 그림 한 점 남겨 보는 난 난데없는 화가.

새벽의 고요, 침묵,
천지가 깊은 호수인양, '나' 그 안에 점점 깊이 빠져드는 새벽.
은은함이 실어다 놓는 무섭도록 고요한 적막들.
달빛이 그려놓은 부동의 그림자들 홀로 외로워,
공연히 날 다시 울먹이게 하는 새벽.
빼지도 보태지도 않고 만물을 비추는 겹겹의 그림자들,
그 존재의 징표들.
그 중에 달빛에 세워진 얼음처럼 차가운 내 그림자.
있음이 없음으로 변하는 마지막까지 견디어야 할 내 그림자.

무거운 발길 조심스레 떼어놓는 '나'.
바람에 그 이름 날아갈세라 '난' 그만 입 단단히 다물고,
너절하게 던져놓았던 넋두리들 모두 거둬들입니다.

잠자리에서 일어나 흩어진 부끄러운 내 모습.
내가 봐도 마음에 들지 않아 얼른 머리 손질하고,
눈곱 떼어 내고 옷매무새 고친 다음 하늘 아래 다시 하는 간청은,
'나' 이 하늘 아래 착한 아이로 남게 해달라는 것.
이 하루가 이토록 귀하다는 것, 이전엔 알지 못했습니다.
횃불 켜 다가오시는 새날에 징징거리지 말아야지.
얼마 남지 않은 날들 중 이 얼마나 소중한 하루인가!

7

눈부신 새날, 햇살아래 다시 한 번 예쁘게 걸어보려 결심하는 시간.
매초 마다 또박또박 발맞춰,
이 하루 끝까지 흐트러짐 없이 곱게 걸어야한다며.
내 마음에 푸른 옷 입혀 한 삶이 푸른 들판으로 남아,
그 위로 노루 떼 뛰어놀며 새들 즐거이 노래하는.
이 귀한 하루와 '난' 깍지 끼고 약속합니다. 똑바로 걸어갈 것을.

빽빽한 어둠속에 한 치의 빈틈 없이 어깨 서로 맞대고,
비밀들 꽁꽁 뭉쳐 경비 무척 삼엄한 밤.
내가 무슨 재주로 그 비밀 풀어볼 수 있겠어요?
아무리 간청해도 항복 않을 밤의 도가니 속,
나 결코 풀어볼 수 없는.

북두칠성이 하늘에 크게 물음표 만들고 있습니다.
'나' 하늘 아래 물음표 표정으로 울먹이고 있을 때,
하늘도 모르는 것이 참으로 많은가 봅니다!

계절은 점점 깊어 가을로 몰려들고,
바람 따라 낙엽에 휩쓸려 이루지 못한 꿈
조각조각 허공에 휘날리고 있습니다.

굳게 입 다문 추억들, 영영 깊은 잠에서 깨어나지 못한 채
그 자리에 굳어 돌이 되어 앉아버린 듯,
침묵이 짙게 몰려 앉은 인생길 어느 골짜기.

만물이 하나의 보자기에 싸여 화합하는 밤.
모두 어깨 맞대고 하나의 명령에 순종하는 밤.
내 마음 뒤흔들던 엄숙한 어둠도 더는 나에게 줄 것이 없다는 듯,
잠잠히 무겁게 침묵을 지키고 맙니다.
누구에게 내 마음 다 풀어놓고 하소연 해 보지요?
길은 하나 둘씩 막혀 끝나는데, 한 가닥 가냘픈 나의 숨소리
편히 눕힐 곳은 진정 어디일까요?

또 한 번의 새벽, 경탄 속에 가슴 콩닥대며 맞아보는 새벽입니다.
긴- 긴- 세월 거치면서 얼룩진 세상 광장으로 향하며
다시 '나'를 간절히 부탁해보는 또 새벽입니다.
이것일까? 저것일까? 마음 못 정하며 사방에서 껌벅이는 눈빛들.
이쪽으로 흘러볼까? 저쪽으로 흘러볼까? 길 잃은 새벽 공기.
그래도 세상은 하나로 엉켜, 억만년 흐름으로 지탱해 가는 삶!
'나' 아직 빠금히 열리는 한 날의 밝음 속으로,
또 한 번 그 한 삶의 비밀 안으로 발 디뎌 놓습니다.
촉촉한 눈가 훔쳐가며, 한 생명 지탱해가는 이 길.
나를 찾기엔 안성맞춤인 안정된 아늑한 새벽.
부동의 짜임새 안에 꼼짝없이 붙잡혀 꼭 끼어 있는 '나'
더는 어쩔 수 없이, 욕심도 질투도 가식도 훌훌 벗어던지고.
어째서 '나' 생긴 모습 그대로 꾸준히 못 버티지?

이제 기회는 많이 남지 않았어!
고유의 생명이 무로 변하기까지 남은 시간은.

별님들 뛰어놀다 집으로 돌아간 빈 하늘
마알간 가을 공간을 휘- 저어 가며 '난' 공연히
싱겁게도 '소리' 한번 꽥- 질러 봅니다.
멀리 보내놓은 소리, 이 세상 한 바퀴 휭- 하니 돌고,
아무 소득 없이 털- 털- 빈손으로 다시 돌아옵니다.
한 마장 멀리 도망쳐가는 세월이 마알간 가을 아래
올올이 보이는 듯합니다.

창공, 별들의 놀이터.
하늘 바구니에 소복이 담긴 별들이 재롱을 피웁니다.
간지럼이라도 주듯 킥킥거리며, 참으로 평화스런 하늘!
그 하늘 아래, 상 찡그리고 울먹이는 '나' 부끄러워져,
서둘러 문 닫고 숨어봅니다. 어찌 피할 수 있겠습니까만.

하늘엔 구름과 어울려 숨바꼭질에 빠져있는 별님들.
땅엔 달그림자에 몸 숨기고 기다리는 갖가지 근심들,
어둠 속에 심어진 이름 다른 씨앗들처럼.
다시 고개 돌려보면 가냘픈 영혼들,
어느 바람타고 가야 하나 망설이는 깊고도 어지러운 밤.
이 길은 전부 '나의 것'이라며 뻔뻔스럽게도 대드는 밤.
내가 여기 있기에 길이 여기 있지 않느냐며.
내 눈의 촉수는 얼마나 높기에,

하늘 끝에서 저 끝까지 한 눈에 다 볼 수 있는지요?
대단한 시력의 촉수를 지탱하는 생명 또한 참으로 대단합니다.
위대한 생명의 힘!
그것만으로도 이 세상 살아가는 '감사' 충분하지요.

별들의 천지 속으로 한 발 더 가까이 다가가며,
가득한 감사에 '난' 깊숙이 빠져듭니다.
이 감사에 보답하기 위해 앞으로 짧게 남은 세월에,
'난' 어떤 어려움도 꼭 이겨내리라고 단단히 다짐합니다.

내 바구니에 가득 쏟아질듯 주워 담은 새벽 별 이야기들,
이젠 더 담을 곳 없어, 하나씩 다시 쏟아 비어내는 시간입니다.
모양 다르고 빛깔 다른, 무척이나 내가 아끼며 사랑했던
새벽 별, 새벽 하늘, 새벽 이야기들.

하늘을 지붕 삼아 천지 역사는 강물처럼 출렁이며 이어지고,
세월은 시간을 뚫어 이으며 정처 없이 흘러갑니다.
무엇을 조르는지 조차도 모르면서 천지에 파고들어,
천지 치마폭에 매달려 연신 무엇을 조르는 '나'.
새벽의 평온처럼, 이 한 삶 다하는 날까지 '나'
조용히 머물며 기다릴 수는 없는 걸까요?

고요가 물결 쳐 흐르는 밤.
영혼의 맑은 샘물 가득 고이는 밤.
치렁한 달빛 아래 숨결마다 노래 가락 되어 사랑 안에 홍건히 잠기면,

멈춤은 연을 찾아 이으며 또 다시 평온을 서서히 찾아 가는
이 밤의 잔잔한 움직임.
서로를 용서하며 손잡고 어깨 나란히,
사랑은 서서히 물결인양 가득히 천지에 고이고.

별님들 만나기 위해 눈 뜨기 바쁘게 창문 열어 온 세월이
차곡차곡 나의 삶 뒤편에 이미 높게 쌓였습니다.
시간을 밟아 다지며 오늘도 한 치도 터득할 수 없어
'삶'이란 길에서 방황하며 착한 양 되기를 간절히 바랍니다.
이제 마지막 그 어느 지점까지 와 있는 '나'를 어렴풋이 발견하면서.

별빛 가득한 하늘 아래 나의 보금자리.
세상만사 긴가 민가 하며, 낮과 밤, 안과 밖 분주히 들락거리는
이 작은 생명, 난, 누구입니까?
때로는 꽃을 닮고 때로는 왕왕이는 벌을 닮은, 목숨 붙은 '난'.
가만 가만 조심스레 '하나님' 이름에 매달려,
들릴락 말락 속삭여 묻고 있는, '난' 지극히 작디작은 생명 하나.

어깨에 짊어진 짐 모두 내려놓고, 느슨히 풀린 만물들.
그런 새벽이 내게 참으로 편안합니다.
하늘에 뛰어놀던 별님들마저도 서서히 휴식을 취하는 새벽.
바야흐로 나에겐 또 하루가 보태지는 그 앞에서
더 깊게 겸손과 공손을 배워가는 '나'.

나의 집 구석구석마다 손 때 묻은 가득한 살림살이들.

언젠가는 송두리째 비어주고 떠나야 하는 나의 부분들
그것도 그리 멀지 않은 어느 날에.

만물이 잠들어 꿈속에 임하는 시간.
숨소리 쌔근쌔근 화평한 줄무늬 놓아 넘실대면,
깊은 산골짜기에 난데없이 움터 피어난 버섯 한 송이 같이,
내 자리 비로소 어른거려 보이는 듯.

어둠 뚫고 꼭 누군가 오실 것 같아 기다리는 마음.
아무리 생각해도 올 사람은 없는데 오고 있는 발소리,
옷 끄는 부스럭 소리 들리는 듯하여, 바싹 귀 대고 기울여봅니다.
지금은 몸도 마음도 시작에서부터 너무 멀리 떠나와
저장된 이름들 모두 뒤져보아도 찾아 올만한 이 없는데,
백발성성한 어느 한 여인의 무작정 기다림.
앞 뒤 문 번갈아 내다보면서 기웃기웃 기다리는 속절없는 여인.

반짝이는 별님들, 달님들 벗하여 숨바꼭질 하는 천지.
오대양 푸른 물결 출렁출렁 넘실대며 춤추고,
그 위로 갈매기 떼 훨훨 날아 자유를 그려 보이는 천지.
그 안에 빽빽하게 오물오물 꼼지락거리는 생명들.
하- 많은 생명 중에 보일락 말락 한 미미한 생명 하나, '나'.
그래도 살아있으니 '슬프다' 말아야지요!
'외롭다' 말아야지요! 기뻐만 해야지요. 감사만 해야지요.

어둠속으로 '풍덩' 몸을 던집니다. 별을 따보려는 듯이.

어둠 속 깊은 고랑에 줄줄이 꿈들 심어놓으며
어느 날엔가 줄줄이 싹틀 갓가지 꿈, 꿈, 꿈, 기다리며.

이른 아침 옹기종기 앉은 뽀얀 서리들, 서로에게 다가가 어깨 부비다,
작은 물방울로 되어 방울방울 떨어지다 사라져 버립니다.
서리로 있었으면 좋았을 것을.
대지 속으로 입김 뿜어 보냅니다.
그 뽀얀 살아있는 생명의 증표 물끄러미 지켜보며,
이 아침, 삶을 다시 찬양합니다.

방관 해 둘 수만은 없는 '삶의 질서',
끊임없는 노력만이 '생존의 뜻', '생명의 보존'이라며,
하루의 충실한 주인이 될 것을 손 번쩍 들어 맹세합니다.

하루의 시작이 어둠을 타고 서서히 오시는데
무슨 가르침이 문 활짝 열고 맨 몸으로 보일 것 같아,
난, 조심스레 방안을 맴 돕니다.
빅 뱅 (Big Bang)의 숨은 힘을 느끼고 그 기로에서 서성이며,
'난' 여전히 무슨 소리를 기다립니다.

기도에 임한 엄숙한 새벽. 정문 활짝 열고 밖과 안 사이에서,
난 '자유와 구속' 같은 생각에 흠뻑 젖어들고 있습니다.
'육신과 영혼' 같은 생각에도 빠져들고 있습니다.
'나'로부터의 '해체', 그 가능성을 저울질 해보며,
'나'를 모두 풀어 흩어 아주 멀리 뿌려보고 싶어집니다.

새벽이면, 혹시나 잠든 천지 깨우지 않을까
조심스레 미닫이 문 열어가며 내가 안긴 세상 확인해봅니다.
반가움과 고마움 가득 채워진 마음으로.
하지만 생명 있는 것들은 잘 익은 아픔으로
부지런히 앞으로 행진하고 있는 듯 보입니다.

창문 열면 내 뺨 쓰다듬어 오는 부드러운 촉감,
어느 누구의 '손길'입니까?
옷매무새 단정히 하고 천지 향해 또 한 번 '날' 고합니다.
날 쓰다듬는 '크나큰 손', 풍요로운 손길 이 새벽에 느낍니다.
아픔과 고통을 솎아가며 사랑 줄 지어 무지개 놓는 천지에서.

달님은 우는 아이 달래느라 자리 비우고,
함께 뛰어 놀던 별님들도 모두 집에 돌아갔습니다.
하늘이 공터일 때 난 발길 멈추고 어둠에 기대어 울먹입니다.
어디로 가 볼까 마음 정하지 못 한 체.
문 고리 닳도록 여닫아 온 하늘 '문' 앞에서.
간절한 마음 앞 세워 들락거리던 '문' 앞에서.

칭얼칭얼 잘하는 난 아직 어른이 되지 못했나 봐?
새벽 등에 업혀 보채며 엄마를 찾고 있는 걸 보면.
삶 북돋아 주는 저- 아침의 새 소리, 살아있는 소리,
천지를 흔들어 깨웁니다.

새날을 경축하는 저 마알간 지지배배…지지배배 ….

조그만 몸으로 존재를 알리며 아침을 깨우는 저 우렁찬 소리.
소리 아니었으면 몰라보았을 작은 새 한 마리.

커튼 내리고 조용히 기다리는 단정히 앉은 밤.
새롭게 만날 꿈에 젖어 야무진 모습으로 눈 감고 기다리는 밤.
천지 곳곳 작은 생명들마다 토해내는 무섭게 뜨거운 열,
꿈과 소망은 어둠 뚫고 직선 그리며 뒤돌아보지 않고 달리는 밤.

나, 지금도 새벽하늘 들쑤셔가며 어제의 별님 하나 찾고 있습니다.
있어야 할 그 자리에 보이지 않네요. 혹 아픈가 걱정됩니다.
어둠을 헤치고 다시 얼핏 보이네요.
귀엽게 방긋 웃어 보이는 애기 별님 하나.
바싹 내 얼굴 갖다 대어 가만히 비벼 봅니다.

생각해 보니 내가 아는 것은 모두 '이 세상'
내가 살아오면서 듬뿍 정들어 온 '이 세상'
태양과 달님과 별님 함께 어울려 살아온 '이 세상'!

내 얼굴 창밖으로 쑤- 욱 내밀어 세상에 덥석 안겨
감사의 눈물 흘립니다. 다시 열릴 파아란 하늘 조심스레 기다립니다.
정직한 새벽 믿고 걱정근심 내려놓습니다.

뛰놀던 별님들 집으로 돌아가고 남아있는 유별나게 반짝이는 별님들.
만나고 가야 할 누가 있을까요?
혹, 나를 기다리나 손 흔들어 보지만….

별님들은 사랑, '하루'라는 꽃 피우는 그 별님들 사랑합니다.

난, 어쩌면 별에서 왔을까요?

별 나라가 본향인 양 방문 다 닳도록 여닫으며

매일 안부를 묻는 것을 보면.

보듬어 안고 자장가 들려주는 것을 보면.

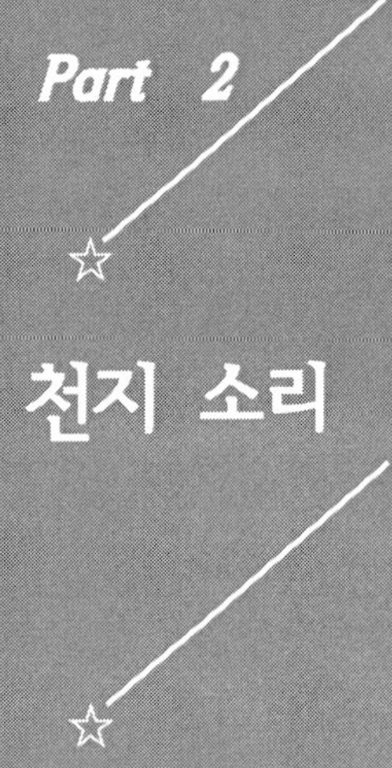

Part 2

천지 소리

어디론가 향해 달리라고

'날' 부추기는 저 – 힘찬 말 발굽소리!

내일은 내일의 해가 뜰 거야.(Tomorrow is another Day)

– 스카렛 오하라(SCARLETT O'HARA)☆

1

어쩌다 난 지금 천지의 소리 듣습니다.
한 시대를 사는 우린 세월에 실려 쉼 없이
지금 함께 어디론가 가고 있습니다.

그 소리에 섞여 옛 영화 <벤허>의 웅장하던 전차경주 소리가
나를 찾아와 내 귀를 간지럽게 합니다.
영광을 위해 온 힘 쏟아 붓던 인간의 힘.

<대부>의 웅장하던 테마곡도 듣습니다.
'When We are One', 'Speak softly, love,'…
'My life is yours', 'You came into my world with love'…

당신, 그리고 또 다른 당신, 우리는 참으로 특별한 인연입니다.
내가 내리쉬는 숨을 그대가, 또 다른 그대들이 돌려 마시니
우리 숨마저도 나눠 갖는 사이.
이런 우리를 어찌 '완전한 남'이라 할 수 있겠습니까?
어찌 '서로 모른다' 할 수 있겠습니까?

밝은 햇살이 찰랑 찰랑 천지를 덮고, 차분한 환희로 열리는 하루.
그 하루를 내다보며 발걸음들은 힘차게 앞으로!

오늘 하루 무엇을 우리에게 들려주려나?
난, 천지 소리에 가만히 귀 기울입니다.

삶의 울림, 생명의 떨림, 살아있는 부스럭거림,
소근 소근 사랑의 속삭임.
진실이란 이름의 가느다란 실끈 이어
무한을 향해 부지런히 이 순간을 엮어가고 있습니다.

목숨들 이끄는 긴- 행렬 사이로
모두들 애타게 무엇인가 달라고 손 벌려 애원합니다.
긴박하게 부르짖는 저- 외침들, 몸짓들….
어서 말해 보라고, 아무리 다그치고 졸라도,
입 굳게 다물고 함구하는 천지.
비밀로 꽁꽁 뭉쳐 꿈쩍 않는 천지.

이 삶 다하기 전에 어서 말해 달라고 다그쳐도,
천지는 날 외면하고, 그저 속력 내어 갈 길 가고 있을 뿐.
무수히 흘려보낸 날들에 수없이 물어온 세월.
천지는 침묵이 특기인 양 무언의 전달,
그 침묵 풀어볼 수 있으면 좋겠습니다.
다시 한 번 묻습니다.
무엇을 위해 생명들이 이토록 바동거리는지.

천지는 열광하는 사랑과 땅 꺼지는 슬픔, 미칠 것 같은 외로움을
내게 가르쳐 주었습니다.

스스로 알아가라는 냉정한 눈짓으로, 차가운 침묵으로.
'나' 이대로 눈 감게 하시려는 것입니까? 진정 그것입니까?

그 삶의 풀이, 어쩌면 단순한 한 마디면 될 것 같은 순간입니다.
갖은 이유와 해명, 불평과 시위 모두 소용없고
삶은 오직 <순종> 하나면 될 것 같습니다.
생명들 가능케 하는 '공기' 천지를 가득 채운 '공기',
누군가의 노고로 빈틈없이 채워지는 고마운 '공기',
누구의 생산품이냐고 묻지 않습니다.

세상은 언제나처럼 왁자지껄 소란스럽습니다.
그 부스럭 소리 뚫고 들어가니 또 다른 큰 소리.
빠짐없이 들어보려 귀 기울입니다.
사연 많던 '그 날'들 거치고, '이 날'이 지나고 나면
어느 색깔의 '저 날'로 찾아가 난 무엇으로 남을까요?
'나' 이 자리 지키며 기다리는 것은 무엇 때문인지요?
이 장엄한 천지 안에 무슨 연유로, 꼭 이 자리, 이렇게, 여기,
하필이면 꼭 이 길목에서 이때쯤에.

무엇을 지키라는 것입니까? 누구를 지키라는 것입니까?
가득 하나 비어있고, 시끄러우나 소름끼치게 한적한,
꼭 이 길목에 날 세워두고 지키라 함은, 진정 무슨 이유입니까?
정 들었던 사람들 모두 떠나버려 아득한 천지.
꽃은 피었어도 찬바람 뺨을 스치는 허허로운 사막 같은
그 길 따라가라 하심은, 어째서 입니까?

안개 속에 묻혀 아무것도 보이지 않아도 난, 그 강 꼭 건너보려 합니다.
깊을지 몰라도 후회 할지 몰라도 단념할 수 없습니다.
귓가에 간지럼 피우며 연이어 부르는 소리.
마음은 매달려 붙잡아도 더 속력 내 마구 달리기 시작합니다.
생명의 떨림 속에 희열하며 깊이 빠져드는 유혹.
완강히 뿌리칠 수 없는 간지럼은 진정 무엇인지요?
고뇌하는 자의 걸어가는 뒷모습,
하지만 찐득한 고독이 발 붙들고 놓아주지 않아
달려라 하는데도 제 자리 걸음만 치는 가 봅니다.

뭉크(Munch)의 그림 <아우성-scream>의 '인간의 고뇌와 절망',
피카소(Picasso)의 <파랑으로 표시된 고뇌>,
부르델(Bourdelle)의 <자신과 싸우며 절규하는 인간>,
쇼펜하우어(Schopenhauer)의 <고독한 지식인의 외로운 고뇌>,
흄(Hume)의 <거품 같은 존재>, 이들이 인간의 본질 '고뇌'를
보여줍니다.
인간 성장의 표상은 고뇌라고 했던가요?

지금 나의 창은 봄으로 가득 차 있습니다.
계절은 늦도록 뒹굴뒹굴 늦장만 부리더니 한꺼번에 잠 깨어,
만물은 사방에서 서로 어깨 비비고 밀쳐가며,
같은 방향을 향해 비좁게 몰려오고 있습니다.
떨리고 춥던 날들은 송두리 채 잊어버린 듯이,
서로를 밀쳐가며 오고 있습니다.
연지곤지 찍고 행복한 미소로 점점 가까이 오고 있습니다.

파릇파릇, 노릇노릇, 달콤새콤하게,
어리광부리며 티격태격 장난기 섞어가며,
서로에게 바쁘게 인사 나누고 부끄러워도 하며,
아름다운 봄날이 그렇게 점점 더 가까이 몰려오고 있습니다.
우- 한꺼번에 재빠르게 천지를 꽉 채워가며,
몰려드는 '봄', 빨리 꽃 피우고 열매 맺을 꿈에 젖어서.
더는 기다리지 못하겠다는 듯, 허겁지겁 오고 있습니다.
꽃은 침묵하여 피고 지고, 난, 그 꽃들 곁에 머물기 좋아합니다.

봄은 늘 그렇게 오셨거늘
청춘 시절엔 왜 미쳐 보지 못 했을까?
아마 사계절이 전부 봄인 줄 알았기 때문인가 봅니다.

2

살아 있다는 것은 오직 '이 자리', 오직 '이 순간',
여기 점찍고 자리 지키고 서 있는 '이 자리'.

끈 떨어진 '연'인양 길 잃고 헤매며 방황하는 웃음소리.
간간히 내 귀 간지럽게 들려오는 소리.

나 또 무슨 소리 더 듣기 위해 이렇게 숨죽이며,
발걸음 조심조심 걷고 있는지?

매일은 내 삶을 이어가는 다리. 매일은 한 삶의 완성.
순간의 아름다운 조각들, 아리따운 추억으로 보여지길 바라며,
갈 곳 없을 때도 머리 빗어 단장시킵니다.
흠 없는 한 필 나의 삶을 짜기 위해서는.

내 마음 요란히 소용돌이칩니다. 많은 이유를 갖다 대며,
무지로 꼭꼭 잠긴 문마다 황급히 두드립니다.
기쁜 표정 지어가며, 굴복 모르는 빛나는 눈빛 지어보이며.
횃불 치켜들고 소리 높여 부르짖으며.
잠 활짝 깨어 소망과 열정과, 참과 회개와, 눈물과 속삭임이,
나를 가만히 두지 않습니다.

마구 달려가지는 않지만, 한 자리에 머물지도 않고,
먼지 일으키지 않고, 조용히, 꾸준히, 앞으로 나아가고 있습니다.
지금은 누구라 명명할 수 없는 그 누구, 어느 한 위대한 존재에게,
'나' 지금 손가락 걸어 약속합니다.
결코 이 한 자리에 머물지만은 않겠다고.

천지가 봄기운 따라 따스한 빛 머물렀던 자리마다
알록달록 울긋불긋 꿈 꽃들 만발했습니다.
영원을 향해 걸어가는 한 나그네의 길섶에도.
신들은 영혼에 살찌울 무슨 양식을 만들고 계시기에

천지에 자욱한 안개 연기 가득히 채워놓으셨을까요?
천지를 채워가는 억울함의 아우성들, 거짓말들.
사방에서 왕왕거리는 저 소리들,
그 가운데 범벅 되어 진실의 목소리 잘 들리지 않나 봅니다.

방황의 시간, 방황의 시절,
그 안에 가득히 채워진 아리따운 모습들!
타인의 명상에 그들의 감동에 나도 함께 휩쓸려
괜스레 울렁이며 헛걸음 디뎌가는 '나'.
오직 <사랑> 하나 가슴에 품고,
잔잔한 물결에 실려 '나' 그냥 흘러가 보고 싶습니다.

하늘에 순간순간 놓이는 갖가지 무늬들,
그 하늘 아래 두 손 모아 염원하며 기다리는 생명들.
한줄기 뻗은 화초의 줄기, 자연이 만들어가는 신비스런 예술!
창조의 아름다움!
그 생명들 시시각각 변하며 서로 포개어 얼싸 안겨,
둥둥 떠가는 벅찬 생명들의 대이동.
아득한 머언 곳에서 조용히 뒤엉켜오는 소리들.
그것 모두 순수한 만물의 공통 언어, 곧 '사랑'입니다.

몇 가닥 출처 모를 불빛이 길을 밝히고
숲길에 잠든 풀벌레들 무엇 때문인지 울고 있습니다.
고요가 깊이 뿌리박힌 순간의 한 복판에,
생명을 일제히 일으켜 세우는 배고픔이

대 이동하며 다시 달리게 하는 힘이 됩니다.

누가 '나'에게 이토록 호통치고 있습니까?
누가 감히 '날' 이토록 엄하게 다루는 것입니까?
어제도, 오늘도, 그리고 그때도 지금도,
회초리 옆에 두고 달달 볶아가며 '나'를 꿇어앉혀 놓고.
당신은 참으로 누구시기에 눈물 쏙- 빼게 합니까?

하루에 담겨오는 모든 것들을 포옹해 봅니다.
밖과 안을 연결하며 나와 너를 이어가며
대화를 잠시 멈추고 난 모두를 끌어안아 봅니다.
우리 모두 하나 안에 머물기 위해.
조심스레 우리 모두 하나 안에서 살아가는 천지,
사랑 안에서 함께 숨 쉬는 천지,
그 안에 내가 있어 난 감사합니다.
어떤 생명에게도 함부로 할 수 없음을 배워갑니다.
이 세상 함께 행진하는 모든 것들,
참으로 '나의 것들'인 것을 알아가니까요.

먼 곳에서 은은히 들려오는 소리들,
가락가락 떼어놓고 무엇이라 하는지 '나' 듣기 원합니다.
귀에 익은 목소리 들리는 듯 하여 따라가 보지만,
어느 지점에서부터는 들을 수 없는 그 자리.
돌 판에 문패만 남겨진 어느 문 앞.

하루가 조용히 열리고 있습니다.
하지만 가슴에 울리는 둥둥 북소리,
주춤 거리는 '날' 달리게 하는 두들기는 저 북소리,
'멈추지 말라'며, '앞으로 달리라'며, '더 빨리 힘내어 달리라'며.
'날' 달래는 저 소리의 주인은 대체 누구란 말입니까?

통통히 물오르는 계절에, 바람 따라 살랑살랑 춤추는 초목들.
침묵 안에 조심 조심 인내하며 사는 것이 선명히 보입니다.
한 그루 나무 역시 성심으로 살아가며,
그 자리에서 가만히 '날' 지켜보고 있습니다.
'난' 그저 눈인사로 화답합니다.

가슴에 뭉클 와 닿는 그리움, 울림들,
어떤 손길이 무슨 이유인지 날 재촉합니다.
'그리움' 식기 전에 그리워하라고.
뭐라는지 분명치 않은 은은한 울림들.
깊숙이 파고들어 감동시키는 그리움들.
억 만개의 표현으로 사랑을 말하며, 날 안아주는, 아! 이 '울림'!
잠들려는 '날' 흔들어 깨우며, 날 재촉해 달리게 만드는,
아! 이 '진동'!

얼마나 여러 번 난 상념에 사로잡혀야 할까요?
'샘' 솟듯이 솟는 꿈의 알록달록한 상념들!
온통 나를 감싸는 무궁한 실오라기 상념들!
'동나 버렸나' 했을 때도 달려드는 상념들!

골백번 창문 열고 내다보지만, 무엇도 아직 찾지 못했습니다.
풍경과 공기 사이로 내 마음 가볍게 걸어 나갈 샛길만
거기서 날 향해 손짓해 부를 뿐.
바람에 흔들려 떠는 작은 소리들,
알 수 없는 속삭임으로 내 귀에 간지럼 줍니다.
내일쯤이면 그 소리 알게 될까요?

아침이면 햇살은 나의 방에 난데없는 화살을 곧잘 쏘아줍니다.
바람에 하늘대는 그림자는 이벽 저벽 돌아가며 벽마다 걸어줍니다.
자연의 경이로움 앞에, 난 언제나 그만 고개 수그리고 맙니다.

나뭇가지 위에서 짹짹대는 새들의 소리,
뭐라고 하는지 귀 기울여 봐도 들리지 않는 소리.
"조금만, 조금만"이라 하는가? "좋은 아침"이라 하는가?
"사랑해"라 하는가?

행진하는 세상에서 우렁찬 합성에 맞춰
'난' 다시 시작의 선에서 줄 서 봅니다.
깨우침의 거대한 문 열릴 때까지 달려야겠지요? 찬찬히, 비틀대지 말고.

세월과 하나인 생명, '내'가 함께 꼭꼭 엮어가는 생명.
보이지 않게 지나는 발자국으로 내 가슴에 박힌 세월.
이렇게 짝꿍 되어 난 진정 무엇을 하려고?
이 울림, 이 들썩임, 환희의 기쁨으로 자욱 내는 작은 들썩임들,
모든 정열들 불러들여 세워가는 삶의 상자.

그 안에 가득히 채워지는 '사랑', 그 이름만으로도 발갛게 물들여지는.

천지는 신들끼리 다툼으로 혼란스러운가?
'하나님', '용왕님', '산신령님', '부처님', '마귀'.
인간들의 다툼으로 혼란스러운가?
삶을 향해 일어서는 생명의 촉마다 천지 뒤흔들어.

귓가에 들려오는 말 발굽소리.
그 소리에 다시 옷매무새 고쳐 정좌하고,
'날' 일으켜 세워가는 그것은 정녕 생명의 끈질김.
생명은 시계 추 똑딱임 따라 부지런히 나아갑니다.

천지가 사방에서 날 지켜보고 있습니다.
감히 누굴 속이려고? 꿈에도 생각지 말아야지요.
'잡념'들 솎아내고 '시간' 다듬어 가며,
파랗게 자란 푸른 벌판 위로 나를 눕힙니다.
어제보다 조금 더 앞서가고 있는 세상,
그 세상 보게 해 줘서 감사합니다.
기억 속에 생명의 소중함 깨달아가는 이 순간 감사합니다.

천지 가득 찬 갈망의 눈동자들. 저마다 번쩍이는 '눈빛들의 정글'.
서로를 찾고 서로를 거부하는 세월의 강은 얼마나 길까요?
얼마를 더 오래 흘러야 끝이 날까요? 그 끝은 있기는 한 것인지.
흐르는 세월 틈새에 끼어 천지를 휘- 둘러보니,
무지에 둘러싸인 삶은 오직 눈 한번 깜박하는 순간일 뿐.

3

잡음들 뚫고 귀에 들리는 저- 청아한 목소리.
가슴에 닿아 내안에 장미 꽃 한 송이 피웁니다.
멀고도 먼-, 아득히 먼- 저편에서 원초적 모습으로,
순진함 간직하고 기다리는 저- 하늘 끝 한 자락에서
피어올린 무지개 고운 빛깔.
사랑인가, 눈부신 서리 꽃밭으로 피워 올립니다.

어제는 바람에 멱살 잡혀 엎치락뒤치락 하던 만물.
오늘은 차렷 자세로 무언가 기다리는 신중한 새벽.
나도 따라 차렷하며 한 발 앞으로 내 디뎌,
천지 소리 듣고자 귀 바싹 기울입니다.

밝음도 어둠도 우- 몰렸다 우- 떠나는 반복의 세월,
그 영겁의 흐름 속에 떠오르는 생각은 심지처럼 박혀
멀리서도 보이는 듯합니다.
젊음을 촛농처럼 흘려보낸 날들, 어린 생각들로 흙탕물 온통 튀었어도,
아직껏 천지의 답은 듣지 못한 체,
지금껏 여기서 그 답 기다리고 있습니다.
매일 마다 펼쳐지는 미지의 순간들,
그 신비 속으로 매번 떨리는 마음안고 들어갑니다.

삶은 종소리 따라 홀연히 꽃 피워가는 것.
환호소리 따라 멋모른 채 일어서 보는 것.
괜스레 혼자서도 멋쩍게 더듬더듬 열 맞춰 보는 것.
삶은 싱겁게도 웅- 소리 따라 정신없이 따라가 보는 것.
끝없는 공간 속으로 마냥 빠져 들어가 보는 것.
싱겁지만, 때론 스스로에게 면류관 씌워보는 것.
꽃이 피었네, 다시 꽃이 지네, 눈, 비 내리네, 바람 부네라며.

이 세상에서 한 생명 지탱하는 길은 외로움 이기고 나아가는 것.
중간에서 허물어지지 않고 끝까지 단단하게 나아가는 자만이
진정한 승리자입니다.
하나님의 시험은 이것이 아닐까요?

쉿! 조용히 해 줘요!
먼데서부터 하늘의 소리 들리는 것 같아요.
아기 첫 울음 소리 같은 이 징조, 이 태동의 꿈틀거림.
알 까는 새벽의 신비, 어떤 얼굴의 하루가 또 탄생하려고?

미명에 한쪽 벽에 기대어 또 한 번의 기다림 간절합니다.
기다리다 보면 만나게 되겠지 하며.
꿈이 피우는 꽃을, 이 길의 이름을 알게 되겠지 하며.
살아가는 이유가 터득되겠지 하며.
무거운 짐 진 자의 저 '끙끙'대는 소리,
곳곳에서 울려나오는 아픈 자들의 '신음'소리,
무엇 때문에 '징징'대는 나의 '어리광' 소리,

신께서는 부디 나의 철부지 응석을 용서해 주십시오.

온갖 울부짖음으로 가득 찬 천지,
사방에서 한꺼번에 쏟아지는 종잡을 수 없는 세상 소리들.
난, 왜? 어째서? 그 소리 모두 듣고 있을까요?
내가 나아가야 할 길만도 바쁜 날에.
하늘에 검은 구름 가득 끼어 잔뜩 상 찌푸린 날에.

솥 밑창에 눌어붙은 누룽지 마냥,
내 마음 밑창에 더덕더덕 눌러 붙은 '고뇌'
긁어낼 수는 없을까요?

창문 열면 착착 왔다가는 자연의 질서정연함,
내 모습에도 섞여 있을까요?
이 세상 밭에 '날' 꼭꼭 심어 온 나날에,
그 텃밭에서 나는 얼마나 자랐을까요?
추억은 쌕쌕 잠들고 세월 속에 묻힌 추억들.
그 편편의 옛 이야기 뒤져 다시 펼쳐봅니다.
마음 변치 않고 가다보면 옛 길 보이겠지요?
빽빽한 길 사이 내 이름 붙은 '길' 찾을 수 있겠지요?

그리움 조각조각 촘촘하게 이어 만든 포근한 이불 한 채.
돌이켜보는 날엔 모두가 사랑이었습니다.
기쁨도 슬픔도 눈물마저도, 사랑이었습니다.
이 세상살이 모두 진정 사랑이었습니다.

내가 나를 알아가는 것, 날 세워 가는 것.
핏줄 따라 뼈대 따라 날 세세히 알아가는 것.
날 똑바로 세우다 보면 인생의 마지막 날엔
각자의 성적표가 하늘에 매겨지겠지요?

자질구레하게 싹트는 걱정들 짓눌러가며, 하룻길 따라 내려가는 길,
이 한 삶은 그냥 주어진 길 밟고 조용히 살다가
조용히 떠나면 되는 것 아니겠어요?
자문자답하며 난 다시 나에게 바쁜 걸음 내딛으라고 합니다.
먼- 훗날의 '나'까지 볼 수 있는 이 세상 일기예보 미리 알고 싶습니다.

정적 가운데 거센 생명들 흐름이 어렴풋이 느껴집니다.
만질 수 없고, 들리지 않고, 보이지 않는 느낌.
무엇으로도 막을 수 없고 어떤 가위로도 자를 수 없는 운명,
질긴 생명들의 이어지는 긴- 흐름, 영원으로 향하여.
그 화합에서 결코 난 이탈할 수 없는 또 하나 가늘고 작은 '존재'.
아! 하며 '난' 또다시 서둘러 줄 맞춰봅니다.
방황의 항해로 노 저어 봅니다.

조심조심, 가만 가만 땅 밟고 걷습니다.
무거운 생각들 가득히 걸음걸음에 싣고,
달리지 않고 뛰지 않고, 속도 늦추고 숨 죽여 가며.
어둠 헤쳐 가며 꾸준히 그 안으로 들어갑니다.
어둠의 끝, 그 마지막에 만날 밝음을 향하여.
지금은 아직 그 무엇도 찾지 못했지만,

은은히 들리는 그 소리 따라 더 깊이,
지금도 꾸준히 거기로 들어가고 있습니다.

4

떠들썩하던 성탄의 들썩임도 한풀 죽어 저물어가는 불빛들.
그 안에서 다시 피어오르는 신년의 알록달록한 꿈들.
나름대로 색깔 다른 꽃을 피우기 위해 고뇌하는 꿈들.
그 사이사이 쌔근쌔근 새어나오는 무지한 인간들의 숨소리.

앙상한 겨울나무들의 생명 이어가는 질긴 모습들.
차가운 바람과 맞서 이 악물고 두 주먹 움켜쥐고,
꿋꿋이 '승리'를 실현하고 있습니다. 삶이란 그런 것인가 봅니다.
나 또한 나의 삶에서 저 겨울나무 마냥,
'승리'를 향해 힘차게 나아가고 싶습니다.

모든 생명은 처음에서 마지막으로, 시작에서 마감으로,
한 몫의 임무를 소중히 받고 모두들 들썩이는 천지가
참으로 왁자지껄 합니다.
아우성도, 웃음도, 울음도 함께 섞여 수선 떨며,

생명들마다 세월에 올라타고,
오늘이란 지점을 함께 지나가고 있습니다.

심오한 인생살이 의문들 가슴 가득히 부둥켜안고,
오늘이란 지점을 지나가고 있습니다.
누구든 속 시원히 그 의문에 답해줄 수 있나요?
Einstein이나 Godel이 아니었잖아요.
무수히 많은 다른 철학자들도 아니었잖아요.
의문 덩어리 한복판으로 용감하게 다이빙해 뛰어들고 싶습니다.
희미한 그 의문 안으로 진정 풍덩 뛰어들고 싶습니다.

'나' 어디서부터 알아보아야 할까요?
동쪽으로 가볼까요? 서쪽으로? 남쪽으로? 북쪽으로?
그렇게 사방으로 날 흩어 보낼까요?

싱그러운 애교 다 빠져나간 겨울의 앙상한 모습.
하지만 모두 '승리로 다져진 단단한 모습들'
승리의 푯대로 우뚝 선 수목들의 굳은 표정들.
어리디 어린 잔가지들도 야무지게 입 꽉 다물고,
생존 보존의 법칙을 익혀가는 기특하고 당당한 모습.
'나' 그 모습이 닮고 싶습니다.
'나' 나무라면 아직은 목숨 붙어 있는 '고목'.
만물과 어울려 생존보존을 실행하고 있습니다.
겨울 지나 새 봄이 나에게도 한 번 더 돌아와 주기를 염원하며.

세상의 무수한 생명 중에 몇 명의 낯익은 얼굴들.
사진틀 안에서 '나'처럼 미소 짓고 무엇을 기다리는 듯
가득한 의문에 젖어있는 표정들.
나의 방 벽들마다, 집안 곳곳 틀 안에 가지런히 놓여,
날 물끄러미 바라보는 내 가족들.
가슴 뜨끔하게 전율 솟게 하는 핏줄에 엉켜
사랑의 단물 줄줄 흘리며 내 살과 피가 나뉩니다.
사랑이란 '줄'로 애틋하게 나의 애간장 녹이며.
사랑의 줄 아래 조롱조롱 매달린 얼굴들.
내 사랑 길게 이어지는 가족이란 이름의 사랑 고리.
피와 사랑으로 엉킨 사랑의 고리들.

삶의 의미를 찾아가는 날에는 더욱 가슴을 파고드는 울림.
더욱 요란히 어둠 흔들어 깨우며 소리 높여보지만,
천지는 꿈적 않고 제자리 지키며 모른 체 합니다.
나의 아우성 들렸을 텐데, 그 헤맴 분명 보았을 텐데.
하기야 내가 뭐라고 천지가 날 아는 체하겠어요?
맹꽁이, 난 멍청이!

인간들이 쏘아보는 강력한 '응시'보다 무서운 것이 또 있을까요?
총알보다 무섭고 송곳보다 뾰족하게 뚫는 힘.
과학자들의 무서운 응시가 총탄과 핵을 생각해 냈듯이.

이 생명 다 하기 전 '나'를 다 말해 볼 수 있을까요?
내 안에 가득 쌓인 생각들.

너무 늦기 전에 기다리지 말고 어서 어서 말해야겠지요?
서둘러 전부 쏟아내야겠지요?

많은 것들이 서로 흉내 내는 바람 부는 날.
가짜와 진짜의 함께 섞인 모습들.
낙엽들이 되살아나 함께 함께 달리고 있습니다.
깃발들이 훌렁 훌렁 춤추고 있습니다.
모두 벌떡 일어나 만물이 급히 같은 방향을 향해,
바람타고 우-, 와-, 달려가고 있습니다.

세상이 밤새도록 문 밖에서 여전히 날 기다리고 있습니다.
내게 손 쑥- 내미는 반갑고 고마운 새날의 건강한 모습.
어제 그 모습 그대로 꼬박 밤 새워 '날' 기다리고 있었습니다.
아침에 잠깨면 어제 남겨두었던 '그 세상' 아직도 있나
서둘러 내다봅니다.

날 키워 다듬어 온 '그 세상'.
울고 웃으며 나와 함께 해온 '그 세상'.
죽을 힘 다해 매달려온 바로 '그 세상'.
눈 감아도 아직은 내 곁에 머물러 함께하는 고마운 '그 세상'.
억만 년에서 다시 억만 년으로, 아니 무한정으로 이어가며,
유유히 지나가는 참으로 길고도 긴 '세월의 그림자'
살아갈수록 고마움 '하나', 고마움 '둘', 쌓여갑니다.
지금 흘리는 눈물은 전부 그 고마움들 때문입니다.

싫다는 데도 억지로 나를 영차영차 여기까지 오게 해놓고,
막무가내로 나를 쪼그라들게 하는 이 억눌림.
마디마다 아픔을 보태 실어주는.
'날' 줄이고 줄여 어디에 쑤셔 박으려고?
포개고 포개 '살' 접고 주름살로 쪼그라들게 하며,
꾹- 꾹- 눌러 키 줄여 가며,
바람 팽팽히 불어 넣었다가 다시 바람 쭉- 빠지게 하는, '이 힘'!
결국 서서히 사라져 나를 닫아버리는 '이 힘'!
그만이라 하는데도 억누르는 '이 위대한 힘'!
머리 꽉 눌러가며 연신 땅 밑으로 쑤셔 박는 '이 무서운 힘'!
결국엔 유를 무로 만들고 마는 '이 거대한 힘'!
이 모두 누구의 가혹한 처사입니까?

어째서 난 얕은 곳에서 자꾸 깊은 곳을 탐하는지요?
'더 깊은 곳'을 외쳐 부르는지요?
'보이는 것'들 외면하고 보이지 않는 것들을 찾아
왜 자꾸 더 깊이 파고들려만 하는지요?

비 그친 후, 하늘이 '무지개'란 이름의 색동 띠 허리에 두르고
방긋 웃어 보입니다.
하늘은 무지개로 무얼 내게 말해주려는 것일까요?
하늘 믿고 순종하며 살아온 '나'.
하늘이 내리시는 '비'오면 비 맞고, '눈' 오면 눈 맞으며,
눈부신 태양 아래 기쁨을 배웠습니다.
치렁한 달빛 아래 사랑을 만나며, 나 여기까지 살아왔습니다.

당도 할 '내일'에 마음 설레고,
작지만 '꿈'이란 조그마한 선물 싣고,
밤이 끌고 오는 '작디작은 꿈', 저- 밤의 끝자락에 매달립니다.
난 한 번 더 내일에 곱게 임할 것입니다.
한 번 더 힘써 키워보겠습니다.

머언- 우주 어디서 들려오는 아주 오래 전에 띄운 듯 한 '소리'.
나, 어떻게 하면 그 '소리' 선명하게 들을 수 있을까요?
만물이 교통하는 그런 '소리'.

한정된 수명에 생명들은 '애달파 합니다.
순간마다 소중함에 푹 빠져.
미미한 '생명'들마다 세상을 무겁게 등에 업고
광활한 세상 한 복판으로 한금 씩 생명줄 이어갑니다.
참으로 고달픈 삶.
삶은 생명에게 다리 후들거리게 하고, 온 몸 휘청거리게 합니다.

생명들이 토해놓은 주인 잃은 소리들,
천지를 메아리쳐 방황하며 돌고 있습니다.
들릴락 말락 얼핏얼핏 들리는 소리들.
폭소하는, 통곡하는, 속삭이는, 헐뜯는 소리의 주인들
지금은 보이지 않는데.

헝클어져 맴도는 소리 중에, 어렴풋이 어머님 목소리
남편 목소리가 섞여 들립니다. 내 이름 정답게 불러주던 그 목소리..

바람결에 빗소리에 섞여 들리는 그리운 그 목소리, 지금 듣습니다.

태양님, 당신 카메라에 찍힌 '새날'입니다.
저를 보지 못했다고 다른 말 하지 않으시겠지요?
'나' 한손 들어 올려 선서했습니다.
오늘 하루 내내 착한 아이로 남겠다고.

하늘의 뭉게구름 흰 구름 곱게 꽃피어 깜짝 놀랍니다.
고개 들지 않았다면 보지 못했을 아름다움.
광활한 우주의 비밀이 담긴 천지 소리, 생명의 신비!
세상은 역시 곱습니다.

긴- 세월 '천지'란 수수께끼의 답 찾아온 과학자들.
우리는 누구? 나는 누구? 이 질문을 안고
오래오래 헤매었지요. 빗나가는 화살촉 무수히 쏘아가며.
시간의 역사를 캐던 무수한 과학자들,
지금은 그 이름 별이 되어 천지에 빛납니다.
당겨보고 늦춰 보고, 맛보고 냄새 맡아봐도 알 수 없는 우주의 신비.
하나님을 가운데 세워 놓고 빛의 옷 입혀 각 맞추고 색 비교하는,
천지의 비밀 한 복판에서 사랑의 수놓는 귀여운 생명들.
그것이면 되지 우린 무엇을 더 알아야 하지요?

'팽창 하는 우주', '빅 뱅'? '블랙 홀'?
우주의 기원이니, 우주의 운명이니, 이들 모두 '난' 모릅니다.
광활한 우주를 놓고 이렇다 저렇다 하지만, 내가 아는 건 오늘 이 시간

우주 안에서 숨 쉬고 있다는 것, 그 뿐입니다.
여기 '나' 작디작은 꼬맹이 생명 하나,
무지를 안고 생명을 찾아갈 뿐입니다.

Part 3

☆

오늘도 난, 나에게 미안했어.

☆

나를 꼿꼿이 세워나가는 것

지탱해 나가는 것

그리 쉬운 일 아니었을 터인데

긴- 세월 거쳐 나를 세워줘서 고마워.☆

험하게 날 다루지 말아요. 조심스레 귀하게 다뤄줘요.
내동댕이치지 말고 예의를 지켜줘요.
혼자 있더라도 흐트러지지 말아요.
똑바로 앉아요. 신과 눈 맞춰가며.
시간의 테두리 잠시도 벗어나지 말아요.
꼭꼭 발맞추어 규율 있게 숨 쉬어요.

나의 삶은 기쁨이었다고 내일도 모레도, 나머지 날도 기뻐해요.
나의 삶이 기쁨으로 마감할 수 있도록, 헝클어진 마음일랑 탈탈 비워요.
생명은 영롱하게 반짝이는 불빛 같은 것.
아름답게 반짝여 주어야지요.

축복이어라!
생명에 활활 타오를 불꽃을 위해, 풀무를 힘껏 돌려야지요.
단단한 결심일랑 활활 피워 올려야지요.
그래요, 난 그런 생명이랍니다. 멈출 줄 모르는.
하지만 맹세는 필요합니다.
꿈의 촉, 간절한 소망으로 지금은 어린 촉 틔우지만,
곧 잎도 피고 무성히 자라줄 것입니다.

불지펴보는 12월의 마지막 날들, 회초리는 준비되어 있습니다.
피 흘려도 좋습니다.
초침이 59초에 머물고, 분침도 한 시간의 일분 전.
시간은 밤 11시 59분 59초.
일 년의 달력이 12월 31일 밤.
시계 바늘은 11시 59분 59초를 가리키고 있습니다.

생명은 그렇게 일초, 일분, 한 시간, 하루, 일 년, 십년,
그리고 앞으로 또 앞으로, 나이테 급급히 감아가며,
모습을 달리하며 꾸준히 줄긋고 있습니다.
매초 땡! 종치는 소리 의식하며,
생명 모두 세월 급급히 받기에 골몰합니다.

여기쯤일까? 저기쯤일까? 언제쯤일까?
세월이 손 탁하고 놓아 버릴 금 긋고 있는 이 지점.
2018년 12월 한해의 끝 부근에서,
숨결이 약하게 그림을 그려갑니다.
비뚤 비뚤 그려진 한 폭의 그림은 머지않아 완성되겠지요?

내 마음이 이젠 자꾸 자리 펴고 누우려 합니다.
고개를 점점 아래로 내려뜨리고 있습니다.
노리꾼들, 북소리 더 힘차게 높여주세요.
수그러지는 고개 한 번 더 번뜩 올리도록.

빗줄기처럼 쏟아져 내리는 기다림의 줄기들,

무엇인지 모르는 막연한 기다림에 마음 졸이며,
생명은 속속 순간들의 문을 향해 줄 서 있습니다.
기다림은 '날' 실망시키고 아프게 할지 몰라도,
기다리고 또 기다립니다.
내 앞에 기다릴 아무것도 없을 지라도,
왜인지 간곡히 기다려집니다.

지금은 좀 쉬고 보자고.
언제나 내일은 새로운 시작이 밀려올 것이며,
새 일을 착수 할 것이며, 도모해야 한다고.
내일에 있을 그 약속을 '난' 또 어리석게도 믿습니다.
언제나 더 여문 '내일'을 기다리며 지금은 힘을 키우는 훈련 중.
내일은 분명 문이 좀 더 열리고, 꿈의 움직임도 활발해져
정신없이 바빠질 것이라는 기대와 믿음으로.

갈 길 잃고 헤매는 나, 가만히 "기다리라"고 했는데.
그렇게 할 수는 없나 봅니다. '멈춤'은 곧 '죽음'이니까.
가까운 곳부터 살살 가봐! 거기서부터 조금씩 멀리 나가 봐!

엎디려 신 앞에 사죄합니다.
멋대로 떠나 자유분방한 생명이 또다시 돌아와
잘못을 뉘우치는 시간입니다.
보잘것없는 생명은 순간순간 뉘우쳤던 순간을 잊고,
아무렇지도 않게 '우쭐대기'를 반복합니다.
맨 땅에 납작 엎디어, 다시 사죄하는 시간입니다.

창문 활짝 열어 신선한 공기 깊숙이 들이며,
새로 태어나기 간절히 바라며 쌓인 허물을 벗는 중입니다.
'나' 자신의 훈련이 왜 이리도 힘든지 알 수 없습니다.

이젠 밧줄로 꽁꽁 붙들어 매어 놓고,
인정사정없이 엄하게 다루어야 할 때인가 봅니다.
착한 사람으로 돌아온 후, '난' 나의 펜을 다시 잡아야 할 것 같습니다.

달력에 새겨진 날짜는 변함없는 열두 달,
사계절 제 자리 꼭꼭 돌고 있는데, 왜 자꾸 발걸음 재촉하는지.
사계절이 회오리바람 되어 창밖을 스쳐 지나갑니다.
어지러움에 격해 그만 눈을 꼭 감아봅니다.

말로만 하는 맹세는 아무 소용이 없습니다.
맹세의 사진 찍어 놓고 태양 앞에 천배 절 올린 후,
또 다시 맹세의 도장 찍어 놓습니다.

순열 있게 나가던 삶이 어느 순간부터 헝클어져
종잡을 수 없습니다. 노끈들의 엉킴처럼 헝클린 끈 하나,
똑바로 풀어 놓느라 긴- 시간 보내고
혼란으로 방황하는 그런 순간입니다.

질서정연하게 삶을 일으켜 세워 놓는 순간,
삶에서 참으로 중요하다는 것을 깨우칩니다.
하지만, 신체 부분마다 제 멋대로 놀겠다며 날 떠밀어내는

또한 그런 순간입니다.

살아온 삶을 총동원해 보니 영원한 것은 없습니다.
'날' 간간히 툭 치며 번개처럼 휙 지나가버리는 순간.
빈 상자 준비해놓고, 수북이 쌓인 꾸겨진 휴지 같은 헛꿈들
용감히 갖다 버리려 주워 담고 있습니다.
이제부터 좀 홀가분해지고 싶은 간절함으로.

구름 뒤편에 숨어있는 해와 달, 별들처럼.
보이진 않아도 숨어서 반짝이는 무수한 생명들.
보이지 않는다고 내가 없다고는 하지 마세요.

어제도 그제도, 그리고 오늘도 분명 또 내일도 보이진 않아도,
'나' 구름 뒤편에서 반짝이고 있답니다.
얼마 동안은 계속 반짝이려 노력할 것입니다.

어느 날, 살짝 구름 사이로 뚫고,
해맑갛게 미소 짓고 있는 내가 보여도 놀라지 마세요.
지금은 모두들 내가 보이지 않는다지만,
난 구름 뒤편에서 반짝이며 꿈꾸고 있답니다.

바람에 날려 한장 한장 서서히 넘겨지는 삶.
그렇게 스을쩍 한장 한장 이미 무수히 넘겨버린 삶.
달랑 몇 장 남은 삶의 장수를 세어보며,
'나' 하늘은 왜 자꾸 우러러보는지!

허무의 발자취, 가물가물 아지랑이와 어울려 지나가 버리고,
인생무상을 이제야 실감하며 놀랍니다.

차곡차곡 묻은 삶의 땟자국 겹겹으로 쌓인 몸,
무엇으로 씻어낼 수 있지요?
겹겹의 가면을 벗기고 나면,
꼭꼭 숨어있는 나의 참 모습은 어떤 것일까요?
숨어있는 알맹이 하나, 누구의 사도로 무슨 사명을 띠고,
나라는 체구 안에서 마냥 기다리는 것입니까?
잔꾀 부리는 숨바꼭질의 알맹이 이름은 무엇입니까?

정해진 선 따라 곧장 가면 괜찮을 것을
이탈은 해 놓고 왜 난 자꾸 슬퍼하는지요?
난 또 다시 일어서 정해진 선에 올라탑니다.
그리고 난 다시 행복해 하고, 다시 살아납니다.

사람들은 광대한 세상에 대해 말들 하지만,
내게 이 세상은 오직 '나' 볼 수 있는 만큼의 세상.
내 귀가 들을 수 있을 만큼, 내 마음이 가 볼 수 있을 만큼만의,
오직 그 만큼만의 크기만 한 '세상'.
어찌 이 광활한 세상을 다 안다고 할 수 있겠습니까?
나의 좁쌀만 한 작은 지식과 소견으론,
떠들썩하고 야단스럽게, 건방지게 아는 척,
결코 나불대지 말아야겠지요?

할일 없어도 편안히 쉴 수 없게 바쁜 때.
앉았다 섰다 갈팡질팡, 어느 때보다 바쁜 때,
고놈의 생각들이 제 갈길 가겠노라 다투고 있습니다.

시간이 잔잔히 흐르는 이 샛길에서
무얼 건져 보겠다며 첫 바구니 거머쥐고,
바짓가랑이 둥둥 걷어 올리고 숨죽여 '나' 기다립니다.
무엇을 건지려나? 모양도 색깔도 모르는 그 무엇을, 어떻게?
마음 곤두세워 다시 또 기다리는 '나'.

역에서 열차를 기다리듯이, 낯선 사람들 힐끔 힐끔 서로를 훔쳐보며,
우린 모두의 인생 역에서 애타게 무엇을 기다리고 있습니다.
뒷짐 지고 한손으로 턱 받치고. 시간에 실려 올 무엇을 기다리느라,
모두들 그렇게 서 있습니다.

네, 조금 늦었습니다. 이번에도 늦었습니다.
늦어버린 후의 후회나 통곡은 소용없어, 많이 늦은 것과
다를 바 없다는 것을 압니다.
지나간 후는 잃어버린 것, 떠나버려 놓친 기차처럼
그림자마저도 떠나버린 것이니까요.

시간의 치맛자락에 매달려 착착 도착하는 것들
하나도 빠짐없이 꼭꼭 입맞춤해 보내려 합니다.
세월 따라 자라는 생명, 더는 놓치지 않고 따라가려합니다.
'세월과 나' 찰떡 짝꿍으로, 살과 피부같이 찰싹 붙어 살려합니다.

이것저것 많은 것을 꿈꾸기엔, 그렇게 긴 시간이 주어지지 않았지요.
모든 것 다 가지기엔, 남겨진 시간이 너무 부족한 것을 어쩌지요?

난, 나에게 조르기 시작했습니다. 어서 어서 말해!
어디로 가고 싶은지, 해가 지기 전에 '어서 말해!' 라고.
날 몰아가고 있는 무수한 손짓들.
해는 이미 서산에 기울고 난 너무 멀리서 외치고,
졸라 보아도 이미 소용없이.
서서히 바람도 잔잔해 지고, 해도 이미 지고 있나 봐?

끊임없이 실타래처럼 솔솔 풀려나오는 생각들, 상념들.
모른 척 스을적 지나쳐 갈수도 있는 조무래이 상념들.
뽀얀 안개에 싸여 소복이 풀어놓은 어설픈 상념들마다,
알록달록 색깔 맞춰 차례대로 줄 세워봅니다.

2

오늘 이 순간, '날' 이 자리에 있게 하고,
한 발짝씩 앞으로 나아가게 하는 힘!
갖가지 상념들 꼭 부둥켜안고, 나, 이렇게 마냥 가도 될까요?

벗어놓은 그림자들 뒷자리에서 물끄러미 날 바라보네요.

연이어 '안녕'이라 인사 보내며 착착 물러가는,
멈추지 못하는 이 희미한 돌림.
괜찮다 달래면서 괜찮지 않는 이 어설픔.

불투명한 모든 것들, 잡을 수 없는 잡지 못하는 빽빽한 무엇들!
이토록 작은 생명에게 주어진 세상은,
잡아보기엔 너무 웅대합니다.
그 세상에서, '나' 아직 제 자리 찾지 못해 헤맵니다.

아무것도 부럽지 않는 때, 아무것도 탐나지 않는 때.
내가 세상에서 제일인 듯, 아, 참으로 어쩌려고?
골백번 넘어져도 다시 일어서는 이 끈질긴 '힘'.
어슬렁어슬렁 달빛이 다시 일어서는 내 머리
가만히 쓰다듬어 줍니다.
수없는 '과오' 뒤에도 다시 돌아와 서는 '이 자리'!

끊임없이 하늘이 나에게 무엇이라 일러줍니다.
하늘의 소리 '나' 아직 알지 못하니
세상 말로 다시 들려주십시오.
내 마음이 가는 거기까지만 알고 있는 '나'.
넓은 세상으로 '날' 인도해 주십시오.
아픔이, 아픔이 될 수 없다고, 아픔이라 부르기엔 그 도수가 어림없다고.

할일은 없는데도, 왜 이리 바쁜지요?
긴가 민가 하며 꿈의 농락에 빠져 바빠진 마음.
여기저기 허황한 꿈 옮겨놓는 작업, 이것이 인생살이!

시간이 벽돌 찍어내듯 붕어빵 구어 내듯 매번 똑 같지는 않습니다.
모양도, 크기도, 빛깔도, 냄새도.
바삐 벽돌 찍어내며, 급하게 붕어빵 구우며 성급한 마음은 항상
이 세상 밖으로 뛰쳐나갈 듯, 나를 너무 크게 찍어놓기도 합니다.
지나 온 나날들, 또 앞으로 나가야 하는 날들 어림잡아 보며
삐뚤게, 모나게, 날 찍어놓고 한숨만 짓습니다.
그래도 야무진 '난' 눈물 꾹 참으며, 쓸모없는 벽돌, 타버린 붕어빵 안고,
청명한 날에 정 자세로 앉아 다시 시작해 보리라 다짐합니다.

실바람 한 가닥 세월 돌고 좁은 골목길 돌아,
긴- 강가를 지나 지금 허허 벌판에서 길을 잃었습니다.
난, 왜? 어째서?
얌전히 숨 쉬는 생명으로 가만히 있지 못 하지?
만족하지 못하지? 무슨 색깔, 무슨 맛이 왜 그리도 중요하지?

정해진 기간 이 세상 만기 채웠다가,
훌쩍 이 세상 떠나면 되는 것을 왜 아등바등 이지요?
편안히 제자리 지키면 되는 것, 아니었나요?

자꾸 이리 저리 핑계대지 마! 화내지 마! 울지도 마!
늘어지지도 마! 주눅 들지도 마! 그냥 가만히 있다가 가!

그냥 얌전히 기다렸다 가! 그러면 되는 거야. 이 멍청아!

한 생명 앞에서 얼마나 생각의 기름 짜낼 수 있을까요?
한 페이지? 그보다 많다면 허풍이며 허상일까요?
허상 늘어놓고 부피 재보며,
삶을 오산하면 부끄러운 일이라고 알려줍니다.
그런데 어쩌지요 ?
오래 살다보니 생각의 수도 불어나고, 생각의 빛깔도 변해가며,
그 뿌리 이미 병들어가는 생각들.
어쩌면 더러는 쓰레기 더미 속에 던져야 할 생각들도.

일기장 페이지는 끝없이 불어나고,
필체는 점점 엉망이 되는데,
다 기록 못하면 어쩌나 성급한 마음에 갈겨쓰기.

현실보다 더 큰 것은 바라지 말아요. 모두 거품인 걸요.
눈비 맞고 바람 부는 여기가 현실, 여기서 벗어날 순 없을 테니까요.
장엄한 대자연 앞에 무엇을 불평할 수 있단 말인가요?
이 작은 생명, 그 앞에서 감히 무엇을 불평할 수 있단 말인가요?
그저 살아라! 물 흐르듯 살아라! 이 말을 기억하며.

언제부터인가 갈겨쓰기 시작한 펜 잡은 손놀림.
한 꼬투리 생각이라도 놓칠세라, 급급히 붙들어 종이에 심어놓는,
이런 나의 상념은 대체 무엇인가요?
오늘이 가면 내일은 안 올 것 같은 생각,

이 순간이 지나면, 다음 순간은 돌아오지 못 할 것 같은 느낌,
이 급한 마음의 재촉으로.
어느 골목인데 내가 이러지요? 왜 이리 서두르지요?

시간이 또박또박 걸어가는 길에, 남겨진 고뇌의 그림자.
그 무게가 저울질 되어 남기는 삶의 무게와 무늬.
움직이지 않는 것들 사이사이로 매끄럽게 다니는 생물들.
만남과 이별을 위해 꼭 필요한 길, 없던 곳에 길을 만들고,
우린 그 길 오가며 마주치고 헤어집니다.

공상의 집을 짓고 허물어가며, 모였다 흩어졌다 출렁이며
변모하는 유동과 무동의 화합.
큰 그릇 안에 오물거려 움직이는 것들.
서로의 옆구리를 찔러보고, 곁눈질도 해 보고, 냄새도 맡아보며,
안기고 안아주며, 욕 퍼붓고 할퀴는 그릇 안에 생명들의 놀이,
어느 별 하나, 그 하나 안에서.

3

보십시오! 이 힘!
모형 없는 것들의 만물을 흔들어대는 위대한 힘!
나뭇잎까지도 흔들어 복종을 받아내는 이 위대한 힘!
나 무엇이관데 감히 이 힘에서 빠져나갈 수 있겠어요!
오직 복종과 순종만이 있을 뿐인데.

떠들썩해 보이지만 가만히 들여다보면,
실은 고독한 천지, 침묵하는 천체!

다시 문 열어보아도, 세상은 그냥 거기에 있을 뿐,
괜히 달달 볶아대지 말아야지요.
그냥 이대로 내 자리 지키면 될 것을,
세상은 늘 침묵으로 늘 거기에 있을 뿐인 것을.

아무도 내게 말해주지 않았어!
내가 알아서 찾아가야 하는 인생길.
나의 결심, 나의 용기, 나의 힘, 부디 '날' 떠나지 말아주세요.
제발 거기까지 날 데려다 줘요!
타박타박 가고 있지만, 언젠간 꼭 닿으리란 그곳.
마음에 심지 갈고 다시 결심하며 '나' 거기에 꼭 가고야 말겁니다.

내 마음 고운 빛깔로 물드는 날,
천지위에 내 마음 판판히 깔아 놓고 숨 죽여 기다립니다.
난 무얼 이토록 간절히 기다리는지 모르는 체로.
어둠에 깊숙이 손 넣고, 진정 무얼 거머쥐고 나오기 바라지?
어둠에 매달려 난 무엇을 찾느라 애걸하고 있지?
어찌 보면 다 가진 것 같고, 어찌 보면 아무것도 없는 거 같은 어둠.

갈망인가? 욕심인가?
뭉친 내 마음 풀어보고 애쓰는 '나'.
물방울 증발되면 '무'로 되어 버리듯, 이 모두 풀고 난 뒤 '무'가 된다고
해도 되는 '난' 기어코 허무를 향해 안타깝게 달려가야 하는가?

자질구레 빽빽한 사념들의 시위, 변함없이 같은 생각에 머무르는 것,
'나' 이젠 그만 하고 싶습니다.
나의 뇌리에 스크린을 갈아 끼어 주십시오.
신이여! 늘 같은 말만 지껄이는 것, 이젠 싫습니다.
보고 듣는 것, 다른 면에서 보고 깨우치게 해 주십시오.
신이여! 더 멀고, 더 깊고, 더 높은 곳을 볼 수 있게 해 주십시오.
신이여! 더 낮은 곳에서 그 아래에서도 다른 것 보기 원합니다.
신이여! 이제 그만 편해지고 싶습니다.
무언지 알 수 없는 이 갈증, 무엇인지 꼭 해야 하는 듯한 이 무엇,
이젠 그만 '날' 붙들어 앉혀 주십시오.
맑은 물 솟는 샘가로 '날' 데려다 주십시오.

어쩌다 잠시 무거운 짐 내려놓은 듯 홀가분해진 '나'.

순간을 살면서 그어 놓은 금하나 하나 사이에,
빛살이 눈부시게 웃음지어 보이는 가득한 행복들.
그 뻐대 드러난 진실에 '난' 놀랍니다.
무늬 놓인 새로운 순간의 곧은 금 따라 슬며시 그 서열에 맞춰봅니다.
순간들마다 곱게 빗질하여 가지런히 세워 놓고,
알몸 보이기 시작하는 순수한 삶의 모습 따라 지시를 기다립니다.

가슴 한 복판에 심지 꽂혀 불 켜는 '자아'.
그 불 살려보기 위해 조심스레 두 손 휘- 둘러, '날' 감싸 안는
순간순간의 참으로 소중하고 신중한 내 모습.

나 진정 이제 어디로 가기를 원하지?
내 진정 이제 무엇이 되기를 바라지?
얼굴 표정 시시로 바꿔가며 발 동동 구르며,
잠시만 멈춰 달라고 빌어 보는 성급한 마음.

내 마음 잠재울 자장가가 필요합니다.
내 머리 받쳐 줄 누군가의 팔이 필요합니다.
내 얼굴 묻을 누군가의 따뜻한 품이 필요합니다.

'하루쯤이야'라며 하루를 소홀히 여기고
다시 돌아갈 수 없는 그 하루를 그렇게 던져 버렸습니다.
내게 안겼던 오늘을 '뭐 하루쯤이야' 라며 훌쩍 떠나보냈습니다.
얼룩진 '오늘'을 내 삶의 '이력서'에서 지워달라고.

오늘아-, 나, 참으로 미안했어!
그냥 빈 걸로 의미 없이 허무하게 보내서.
분명히 다시 올 내일 다시 찾아올 오늘을 감사히 받을게.
내겐 '내일'이 그리 많이 남아있진 않지만,
희미하게 보이는 그 내일을 믿어보며,
살과 살 맞대어 허송세월 않을 것을 맹세할게.

내일이야! 그래 내일이야! 내가 또 믿어보는 그 내일!
내일에 빛 날 나를 믿고, 난 또 이렇게 기다립니다.
그 내일엔 내가 더 무르익기를 빌어봅니다.
'내일'일랑 꼭 내 것으로 만들 거라며.

고독한 천체의 운행이 실감나는 순간,
쪼무랭이 생명들이 서로 엉켜, 흔들리며 부딪치며,
주어진 시간을 채워가고 있습니다.
잘난 체 할 것 아무것도 없는 생명이
아빠 엄마가 되어 또 다른 생명을 이 세상에 세워놓고
'왜 사느냐' 그 질문에 시원한 답도 알지 못하면서.

바뀐 코스에서 곧 바로 다른 길 모색하며,
그 끈 자락에 매달려 또 다시 분주합니다.
가족을 위해 끼니 준비를 하듯이 또 다른 줄에서,
최선을 다할 것을 다시 맹세하고 있습니다.
신들린 사람마냥.

꿈을 간추려 다듬어가는 순간 '난' 행복합니다.
하늘이 내려주신 이 열정 절대 놓칠 수 없어,
해 돋는 아침 따라 '난' 또 다시 변경된 선에서 격동하며,
환희하고 있습니다.

'내'가 이루어지는 이 귀한 과정에서 새로운 행복과 만족을 배우며,
진심으로 이 순간만은 감사에 흠뻑 빠져봅니다.

4

난, 내 안에 그토록 많은 생각이 차곡차곡 쌓여 있음을,
미처 알지 못했습니다.
생각마다 알에서 빠져나오기 위해 껍질 까고 있는 시간,
이제 조금씩 그 안의 내가 보이기 시작해 경탄합니다.
"그래, 난 이런 것이었어!" 라며.

나, 이제부터 새롭게 찾아가는 그 길 앞에서
엄숙한 예를 갖춥니다.
노년의 기력이 나마 힘겹게 붙잡아 보는, 다시 피는 나의 봄.
늦게나마 피는 꽃 한 송이 피우기 위해, 온 정성 쏟아 붓는 '나'!

조용히 한 자리에 머무를 수 없는 뜨거운 나의 피
온 몸을 돌아 힘겹게 흐릅니다.
고개 넘어도 또 다시 넘어야 할, 또 다른 언덕.

땀 흘리며 이어가는 고된 풀무질, 멈출 수 없는데,
어디까지? 언제까지? 나 그렇게 달리겠다는 것인지?

현실은 안 된다고 고개 절렁 절렁 흔드는 데도
고집통이 내 안에 '열광'이란 놈이,
또 다시 나를 매섭게 매질해 옵니다.

마음의 지시받아, '나' 어쩌면 또 다시 따라가게 되겠지요?
숨 쉬고 있는 한, 세상 순열에 따라 얌전히 발맞춰야겠지요?
내게서 시작해 그어진, 그 줄 곧장 따라 가야겠지요?
눈부시게 빛 날 나의 곧은 선 따라 마지막까지 가야겠지요?

곧은 선 줄줄이 가득 찬 세상.
고요한 새벽길 따라간다면 어쩌면 울지 않아도 될 것 같아,
발걸음도 가벼워지는 또 하루의 시작입니다.
공연히 날 울게 할 필요는 없습니다.
갓 태어난 생각에 얼싸 안겨 어깨 으쓱해가며,
'난' 새날에 손 불쑥 내밀어 또 다시 악수를 청해봅니다.

가득 찬 생각들 툴툴 털어버리고,
이 아침은 빈 마음 빈 몸으로, 훌훌 가볍게 아침 산책에 나섭니다.

그러나 아무리 쫓아내도 속속 되돌아오는 생각의 꼬투리들.
왜 쫓겨나야 하냐며 내게 덤벼들어, 더 많은 생각을 끌어안습니다.
데카르트(Rene Descartes)의 <생각하기에 살아있다>는
명언을 되새깁니다.
살아 있는 한 절대 생각은 쫓아낼 수 없다는 걸, 깊이 다시 깨우칩니다.
쫓아보려던 생각들 도로 보듬어 안아주고 맙니다.

저마다 자신을 부리는 생명들.
비뚜름히 달아나는 마음에 고삐 매어 당겨봅니다.
생명들은 여전히 어디론가 마냥 달리려고만합니다.
목숨 붙어있는 한 끝나지 않는 '자기 부리기'.
사방으로 흩어지는 '날' 붙들어 하나의 길로 인도하는
참으로 고된 일. 고역으로 진땀 흘리는 생명들.

처마 끝에 매달려 떨어지기 직전의 물방울, 하나같은 생명.
물방울 성분을 이러쿵저러쿵 논할 때는, 이미 지나버린 후.
어떻게 떨어져야 할까도 아니고 사실을 인정할 뿐.
'나', 그저 한 방울의 '물방울' 같았음을.
그저 한 번의 사랑스런 물방울이었음을.

태양은 분명 다시 떠오르겠지요?
그래요. 오늘 또 다시 한번 살아보겠습니다.
지금은 바깥 공기와 방안 공기를 바꿔 놓는 시간.
내 안에 묵은 고뇌 모두 쏟아내고,
새로 태어난 꿈으로 교환할 시간입니다.

마지막 꼬투리 미련 하나까지도 남김없이
모두, 모두, 바꿔 놓아볼 시간입니다.

우리 모두, 사랑하기 위해 있지요.
갈래갈래 사랑으로 뻗은 길, 그 길 중에,
사랑의 길 더러는 이미 막히고, 끊겨 버리기도.
천지에 콸콸 사랑 흐르는 소리,
사랑이 잘못 만들어 놓은, 미움 덩어리도 그 중에 섞인 체로.

난, 오늘도 영문 모를 직선 줄 열심히 긋고 있습니다.
직선 위에 직선 차곡차곡 높이 쌓였습니다.
천지를 가득 채워가는 직선의 곧은 줄들,
이것은 진정 무엇인지요?

월. 화. 수. 목. 금. 토. 일. 징검다리 만들어,
되풀이 그 통로 꼬박 밟고 온 긴- 긴 세월.
월. 화. 수. 목. 금. 토. 일. '날' 꽁꽁 붙들어 이어놓고,
그토록 호되게 날 부리는지요?
온통 비좁게 꽉 차인, 엄하게 날 다스려온 그 칠일.
이미 뒤안길에 무겁게 가득 빽빽이 쌓인,
월. 화. 수. 목. 금. 토. 일.

책장 페이지 넘기듯, 넘겨놓은 두툼히 쌓인 페이지.
무겁게 삶 뒤안길에 수북이 쌓였습니다.
물에 젖은 듯, 천근만근 무겁게.

이 땅 위, 어느 한 자리에 점찍고 동그라미 그려가며,
되풀이 사철 맞고 보내며, 간절함의 뿌리 내려졌습니다.
누가 알아주던 아니던 빙글 빙글 맴돌아, 외로움 소복이 키워 졌습니다.
곧 이어 다시 찰싹 붙어 따라오는 또 하루, '새날'.
화해하듯 애절함으로 '난' 졸라봅니다.
순하게 '날' 한번 안아 달라고. 성심으로 손 내밀어 반겨달라고.
소중한 '새날'에, '날' 올바르게 이끌어 달라고.

오늘 하루 상심일랑 모두 내려놓고, 힘껏 또 달려보겠습니다.
부딪쳐 넘어질까, 길 잘못 들까, 지레 겁먹지 않고.
옳은 건가 아닌가, 질질 끌리듯 주저나 망설임도 뿌리치고.
있는 그대로, 있는 힘 다해 마냥 달려보겠습니다.
진땀 줄줄 흘려가며, 다시 한 번 달려보겠습니다.
높은 산도 깊은 강도 건너며, 내 마음 시키는 대로 따라가다
내게 배당된 이길 다 써 버리면, 조용히 떠나렵니다.

하늘 쳐다보며 부질없는 원망은 이제 그만!
주저앉아 울기도 이제 그만!
사방 트인 삶의 열린 길에서, 망설임은 이제 그만!
슬퍼하지 않겠습니다.
열린 앞을 향해 곧장, 이왕이면 주먹 불끈 쥐고 달려 보겠습니다.

별님들 기억하는 '나', 별님도 '나' 기억 하시지요?
날마다 간절한 마음 담아 매달려온, 왜 '나' 있잖아요?
당돌한 눈빛으로 의문 가득한 눈빛으로, 날마다 졸라대던.

무엇을 조르는 지도 모르면서 떼쓰며 졸라대던.

또 다시 만물이 순종하는 자세로 모두 고개 숙여
기다리는 시간입니다.
천지 주인에겐 우리 모두 귀엽고 사랑스런 자식들.
그냥 달려가 서로 안고 안기면 될 것을,
가득한 생각들 부둥켜안고, 도착지 없는 빈 방을 맴돌고 있습니다.
세상은 가득하고도 세상은 또 텅 비었습니다.

아직은 아무것도 말 할 수 없는,
숫자 다른 또 하루의 문을 살짝 열어봅니다.
궁금증 가득 안고 공손히 인사합니다.
이 하루 끝자락의 다른 한 쪽에 불 활활 붙여가며,
살려놓은 불 꺼지지 않도록 노심초사 공들이며.

별만 바라보던 마음, 고개 돌려 세상을 내다보며,
융합을 배워가며, 앞으로 달려 나갈 차비를 합니다.
순간마다 조심스레 알뜰살뜰 이으며,
이 하루 헛되지 않기 위해 단정히 꿇어앉습니다.
자세히 파고들수록 더욱 질서 정연한 천지 안에.
나를 지켜가는 고행, 그 안에 내 자리 굳게 지키려.

이것과 저것 짝 맞추어 놓기.
숨소리 제 자리 앉혀 놓기. 시시각각 열 맞춰 줄서기.
정신없이 제 자리 지켜가며, '나' 여기까지 왔습니다.

바람 사이에 끼어 밀고 밀리며, 바람 센 날엔 더 멀리로 밀려도 가며,
하나의 인생 밧줄에 매달려, 나의 이름 지키며 여기까지 왔습니다.
나의 마지막도 이탈 없이 '나' 여태껏 지켜온 이 줄에서
떠날 수 있으면 좋겠습니다.

내가 부릴 수 있는 모든 '나의 것'.
'난' 알고 있습니다. 곱게 다루어야 한다는 것을.
'난' 또 알고 있습니다. 참고 또 참아야 한다는 것도.
티 없는 옥으로 남기 위해.

내 안에 쌓인 무언가를 싹싹 다 쏟아버렸나 봅니다.
생각은 더는 밥을 짓지 않고,
김 솔솔 올리던 사색도 깊이 잠들어 버린 듯.
오랜 세월이 흘러버린 지금,
난, 이제 뭘 하지요? 생각의 우물 말라 버린 날에.

두 손 모아 깍지 끼고, 이마 받혀 쭈그려 앉아 골몰한 당신.
그 당신이 바로 '나'!
소용없다고 골백번 타일렀어도 거두지 않는 외곬의 '이 자세'
난, 진정 무엇이 되기를 바라지요?
지금의 '나'로는 도저히 안 되는지요?

나를 샅샅이 뒤져 살펴보고 싶습니다.
무엇이 내 가슴에 이토록 간지럼을 주는지?
모두 쏴-악 쏟아버리고 가볍게 훨훨 날고 싶습니다.

땡! 다시 시작의 종 치는 하루에.
축-. 늘어진 육체는 세포마다 줄 서기에 바빠집니다.

하루는 내 생의 하나하나 같은 마디,
내 삶을 잇는 중요한 중추같이.
눈에 불을 켜 서둘러 칭얼대는 '날' 달래 열에 줄 맞춰봅니다.
한 노인장의 칭얼거림 아랑 곳 없이
총 칼 들려 다시 삶의 터전으로 내보냅니다.
쉬고 있는 별님들에게 승리의 염원 깊은 나의 눈빛 전해가며.
또 한 번 순종을 약속하며, 텅 빈 광장으로 발 들여 놓습니다.
서서히 허리 펴 걸음을 재촉하는 나에게 "괜찮다" '등' 토닥여 달래주며,
비밀 통로로 다시 '날' 냅다 떠밀며 눈가가 촉촉함을 느낍니다.
걸음은 빨라지고, 저녁으로 향한 달음박질 시작됩니다.
무엇에 홀린 듯, 불빛 어른대는 빛살 모두 세어가며,
또 어디론가 정처 없이 달려가고 있습니다.

하늘이 말갛게 개인 어느 날.
삶이 껍질을 홀딱 벗고 온 걸로 보여 지는 어느 날.
자연과 인공이 어우러져 세워진 세상, '이 세상의 오묘함'.
그 안에 뿌리 깊이 박힌 생명 '나', 요리 조리 머리 굴려보는 '나',
신은 어째서? 무엇에 쓰려고? 이런 '날' 그대로 두시는지요?

가구들로 가득 찬 나의 보금자리, 소중한 나의 집.
문 밖으로 물러나와 주인을 타인으로 세워,
그 안을 가만히 들여다봅니다.

떠들썩했던 주인들 지금은 모두 빠져나가 빈자리마다 고요만
가득합니다.
삶이 흘러간 자리마다 잔잔한 고요로 침묵하는 자리.
주인 잃은 이야기들만 모인 멋쩍은 공간.
가라앉은 옛 이야기들 어깨 흔들어 깨워봅니다.
추억의 그림자 말없이 내 앞을 지나갑니다.

보석 차곡차곡 차인 보따리들 지금은 풀지 않고
벽처럼 칸칸 담으로 쌓아올려, 내 마음 한 복판에 심지로 꽂아,
희미하게 불 댕긴 사랑이 밝혀지고 있습니다.
어금니 악- 물고, 두 주먹 불끈 쥐고, 다그쳐 살아온 날 뒤에,
세상이 조금은 무서워진 노인, 아직도 더듬더듬 먼 길 헤쳐 갑니다.

인간들이 여기저기에 흩어놓은 삶의 쓰레기 얼룩점들.
질서정연한 밤의 질서에 섞여 무안해지는 풍경들.
자연에 죄송한 마음, 하지만 어쩌지요?
할 수 있는 것은 고작 고개 숙이는 것뿐인데.

5

오늘 하루, '나' 한 번 더 이 세상에 살고 있습니다.
머리 숫자 하나 더 보태는 세계인으로.
무리 안에서 밀고 밀리며, 그 안에서 많은 걱정을 하고,
나의 느낌들일랑 내 영역 안에 꽉 붙들어 매놓고.
아무것도 모르는 아이마냥 그렇게.

남은 길 곧장 가지 않고 뒷짐 지고 구석구석 기웃거립니다.
더는 찾을 것 없는 그 안을 뒤지며
질질 생명을 연장해 가고 있습니다.
그래도 난 누구의 이야기도 흉내 내지 않고
기어코 나의 이야기 계속 하려합니다.
생시가 꿈같고, 꿈이 생시 같은 삶.
세월 앞에서 내 자리 옮겨가며 서 봅니다.
정적을 가르며, 그 복판에서 직선 줄 여전히 그어가며.

나의 숨소리 꾸준히 흘려보내는 '삶'이란 단어,
왜 가슴을 짓눌러 자꾸 아프게 하는지요?
바람이 자꾸 날 몰고 내 뜻을 어기며,
'날' 자꾸 몰아 어디론가 밀쳐가고 있습니다.
나, 새로 태어나고 싶습니다. 다시 해 보고 싶습니다.
깨우친 마음으로, 말끔히 씻은 마음으로.

마음 다잡지 못 해 달래야 하는 순간들이 연륜 따라 불어납니다.
어린아이처럼 심히 보채면서.
바닥 짚고 다시 일어서기 골백번, 누가 감히 '엄살'이라 합니까?
허무로 둥둥 떠돌며 방황하는 내 마음.
제발 이러지 마! 나무라고 호통 쳐도 잡아 놓지 못하는 '내 마음'.
둥둥 떠다니지 못하게 무거운 돌멩이 '추' 하나 매달아 주십시오.
간절히 비오니 천지신명님이시여!

늦었지만 오늘 이 시간부터라도, 다시 중심 세워야겠지요.
짧게 남은 삶을 살찌울 맛 나는 메뉴를 준비해야겠지요.
마음의 창문마다 활짝 열고, 사랑 열매 조롱조롱 열릴 '참 꽃' 화초 심기.
이 세상에 어울리려, 제일 예쁜 미소 짓기 연습 해야겠지요?
내가 괜찮다면 괜찮은 줄 알고, 달래기에 따라 말 잘 듣는 '나'로.
그러면 된 것 아닌가요? '날' 100점 매겨놓고 살면 안 될까요?

수많은 변화가 거쳐 갔어도 여전히 신비로운 하늘.
만나지 못한 '내일'이 느린 걸음으로, 산 너머에서 오고 있습니다.
오늘도 '내 삶' 통 털어 얘기해 볼 수 없어 주춤거리며,
난, 나의 잠꼬대 같은 중얼거림 속에 빠져 허우적대고 있습니다.
언제쯤이면 알게 될까요? 살아가는 이 길의 의미를.
아직껏 '모 심기' 하듯 질문 쫑쫑 허공에 심어가는 '나'.

내 마음 네모 반듯반듯 찍어놓고 싶습니다.
쌓기 힘든 만들어 놓은 모형들, 수두룩한 삐뚤삐뚤 삼각형, 육각형.
쌓고 싶은 것들 아직 많은데, 어쩌지요?

지금부터라도 반듯하게 찍어 가면 안 될까요?

모든 신비는 하늘에 보관되어 있지만,
문도 없이 활짝 열린 하늘이건만, 도무지 열 수 없는 저장소,
그 하늘 쳐다보는 시간이 점점 많아짐은 내가 늙었기 때문일까요?

살아가는 길에서 여러 번 전환기를 맞으며,
가던 길 바꿔치기 빈번히 해 왔지요.
하지만 중간 중간 계기를 발판으로 더 나아갔습니다.
그 힘으로 지금도 나아가며, 그것이 백발이 성성한 지금도
멈출 수 없는 이유, 잡은 끈 놓을 수 없는 이유라고 생각합니다.
걸음을 늦출 수도 달리기를 결코 멈출 수 없을 것입니다.

'난' 흔들리는 줄 위의 곡예사
외로움의 굴레 뚫고 질주해야 한다고,
하늘이 내게 내린 지시를 절대 저 버릴 수는 없다고
나를 다그칩니다.
침침한 어둠속에 빠진 이 기분은 무엇인지요?
선명하던 선, 그 열에서 길 잃고 헤매어 혼잡한 모습들.
끊어진 줄에서 방황하는 생명들,
생명마다 시시각각 '낡아짐'으로 향하며.

시작의 초점에서부터 참으로 멀리 떠나옵니다.
입 꼭 다물고 고개 찔렁이며, 두 손 홰 - 홰 - 저어가며.
다리 아픈 이 지점에서 어디로 더 가라는 것입니까?

막다른 골목에 가까이 온 듯싶은 이 지점에서.

길지 않은 한 세상 살아가는데, 잠깐의 사치, 잠깐의 향락인들
어떻겠습니까? 가슴 풀어헤쳐 덩실 춤 춘다한들.
그래도 아니야! 아니, 아니야!
그래도 그러면 안 되겠지요?

하늘은 얼마나 높고 깊을까요?
하늘 깊숙이 다이빙해 알아보지만, 알 수 없습니다.
'나' 하나 생명체로 자유분방해 보겠습니다.
내일이면 이 세상 주인답게, 주인 행세 당당히 해보겠습니다.
새들처럼 내 노래 부르며 훨훨 날 것입니다.
지금은 부지런히 날개를 수리하는 수리 꾼, 마지막을 준비하는.

욕탕 바닥으로 굴러 떨어진 새까만 거미 한 마리
밑바닥을 뱅뱅 기며 안간힘 쓰지만, 그것이 마지막임을 감지 못한 듯,
뱅뱅 또 돌고 돕니다.
난, 한참을 그 모습 지켜보며, 살아있는 생명 생각으로 골몰해집니다.
세월 자락에 또박또박 박힌 숨결, 눈빛, 거미의 생각
또박또박 박힌 무늬 가득가득 이어놓으며.

이 세상 지나가는 내 총괄 점수, 어딘가에 저장되었겠지요?
어디가면 볼 수 있을까요?
움찔했던 순간들, 미안했던 순간들,
누군가 내 점수 꼬박꼬박 매겼겠지요?

Part 4

그냥 목 놓아 울렵니다.

- 역사는 통곡과 희생을 통해서 이루어진다. -
이 세상 삶은 흰색과 검정색처럼
'삶'과 '죽음'이 웃음과 눈물 번갈아 짓고 있다.

마음에 맺힌 근심 겹겹으로 쌓여 있어
짓나니 한숨이요, 흐르나니 눈물이라.
인생은 유한한데 근심은 그지없다.
무심한 세월은 물 흐르듯 하는구나.
- 송강 정철의 〈사미인곡(思美人曲)〉 중에서☆

울 수 있을 때 속 시원히 엉엉 울렵니다.
꾹꾹 눌러 참아 온 눈물이 스위치 잘못 건드려
소낙비처럼 쏟아져 내립니다.

델리아 오인(Delia Owens)은 <가제가 노래하는 곳> (Where The Crawdads Sing)에서 인간의 본성은 외로움이지만, 심리학적, 생물학적, 사회학적으로 인간은 외로워서는 안 되는 존재라고도 했지요.
그런데 어쩌지요? 난 군살이 배기도록 외로운데요.
혹, '나'만 그런가요? '나'만 앓는 '병'인가요?

나의 뼈가 되고 살이 되는 하루.
하루하루는 뼛속 타고 골수로 흐르는 강줄기 같은 것.
하루마다 조성되는 원동력, 뼛속에 차곡차곡 저장합니다.
그 위로 의문의 뗏목들 둥둥 띄우며. '날' 만들어갑니다.
생각들이 쑥쑥 자라고, '날' 포근히 감싸며 '나'를 다독입니다.
천의 얼굴로 무수한 가능성을 안고 오시는 하루.
어물쩍 슬쩍, 대강 대강은 안 됩니다.

수백 번 내 마음 다독여가며 조심스레 살아가는 노인의 하루.
수천만 번 사정하고 달래가며 살아가는 노인의 하루.

신이여, 나를 똑바로 서게 하소서.
주저앉지 말게 하소서.

세상은 홀로 아장아장 걷기엔 허전한 곳.
매일 눈 뜨고 눈 감고, 이부자리 펴고 개켜가면서.
눈 감으면 진공 속으로 빨려갈 것만 같은 아득함.
근심의 자질구레한 가지들 모두 잘라내고,
옛일을 하나 둘씩 지워갑니다.
'내 삶의 그림' 완성되고 내 삶의 문 닫힐 때까지.

시시각각 그림 바뀌가는 하늘. 먹구름, 흰 구름, 파랗게 맑은 하늘….
갈 길 잃는 날엔, 난 공연히 변덕쟁이 하늘을 나무랍니다.
또 땡, 종소리가 들리네요. 어서 달려가 함께 법석거리자며.
그래요, '나' 지금 새 옷 갈아입고 거기로 달려가
함께 웃음 나눠보려 합니다.

생각은 항시 열려있는 꿈으로의 통로,
시도 때도 없이 삶의 중심을 파고들어,
꿈의 열매 맺히게 합니다.
나, 그만이라 했었는데, 문 닫아 버린다고 했었는데,
여전히 생각은 멈추지 않고
아무리 뒤척여도 왜 꿈은 깨어나지 않는지요?
꼭 생시 같은 꿈. 날 슬프게 하는 꿈.
내 왕관을 벗기고, 세상 밖으로 내팽개쳐지는 꿈.

옛날 그림자 속으로 빠져 허우적거립니다.
전신을 불태워 버릴 듯이 눈부신 불빛 속으로
불나비처럼 돌진해 들어온 화려한 추억.
그 황홀한 꿈에 젖어 한 몸 던지는 '난' 불나비.
붉게 물든 추억 속으로 뛰어든 '난' 불나비.

오늘 만큼은 생각에 푹 빠져도 괜찮습니다.
새해 아침이니까.
시간에 매달려 마음껏 졸라대도 괜찮습니다.
나아갈 길 물어보고, 살아갈 길 정하고, 버릴 것 버리고,
남길 것 골라보며, 생각도 마냥 흐르게 해도 괜찮습니다.
시간 놀이에서 난 언제나 심한 장난꾸러기니까!

답답해하는 마음, 문 활짝 열어 밖으로 내보내줍니다.
자유로이 배회해 보라며 풀어줍니다.
단, 하루가 끝나기 전에는 시간 맞춰 돌아와야 한다고.

쓸쓸히 추어보는 춤.
홍이 무르익을 때 쯤, 꽃 만발한 숲길에 난데없이 불어 닥친 바람.
그 안에서 난 다시 길을 잃습니다.
어디로인가로 점점 빠져들어 무서워집니다.

행복이 노란 옷 입고 살며시 눈뜨는 순간,
또 다른 새벽을 황송하게 맞습니다.
구겨진 마음 펴 보니 터져 나오는 추억들의 함성, 심한 발버둥질들.

조롱조롱 매달린 추억마다 찬찬히 쓰다듬어주는 펜,
조각조각 옛날을 주워 모아 추억을 세워가는
재현의 순간들이 그때보다 선명합니다.
그날엔 터뜨렸던 웃음이, 터져 내리는 분수 줄기처럼,
지금은 이상스런 울음이 됩니다.
<Denis Project - Red face ->의 '목 놓아 울었다. 가슴을 부여안고
울어버렸다.'처럼.
꽃잎 줍듯 모아 보는 추억의 편린들, 추억의 노래들.

2

꽃길 열고 오시는 봄.
찬바람 휘- 쫓아 보낸 자리로 갓 태어 난 새아씨 봄바람,
불러들입니다.
나뭇가지에 머물러 하품하며 기지개 켜네요.
'봄'은 한 번 더 내 한 생을 활짝 피워주려나 봅니다.
싱싱하고 아름답게.

굵은 힘줄서는 이 아침, 사랑 깔린 길 따라
당신께 가고 있습니다. 무수한 생명 중에 내 추억 속에 유별나게 자리한

한 사람.

나의 우주라며 우주 안의 귀한 생명으로.

아꼈습니다. 사랑했습니다. 존중했습니다.

천지의 울림에 생명이 흔들리는 순간, '나'만 살아있음에 울컥하여

다듬지 않은 차림으로 당신을 찾아 나섭니다.

당신을 찾는 일은 곧 나를 찾는 일,

당신의 백마 풀어놓아 달리게 하고,

백마 탄 우리 둘은 백설 덮인 광야를 달립니다.

서로의 영혼에 얼싸 안긴 우리들의 추억 밭은

광활하고도 평화스럽습니다.

시간의 줄에 위태롭게 매달려,

장단에 맞춰 실없이 히쭉히쭉 웃다 우는 광대.

텅 빈 삶의 공간에서, 자리 잡기가 이토록 어렵습니다.

환희와 기쁨의 가장자리에, 기름처럼 둥둥 떠 있는 고뇌의 땟자국들.

'나' 발 딛고 살아가는 이 '길'에서 말입니다.

하늘도, 땅도 외면하고 질문에 답주지 않고

해도, 달도, 별도 고개 돌려 내 물음에 답주지 않습니다.

초목도, 강물도 침묵하며.

하지만 괜찮습니다. 고뇌가 무겁게 날 억누른다 해도.

굵은 슬픔의 빗줄기 쏟아져 내린다 해도,

난, 웃으며 기어코 이 삶의 이 대목을 기어코 통과할 것입니다.

슬픔의 끝자락에 꼭꼭 숨겼던 비밀의 답 열쇠를

슬픔의 숲길 헤매다 꼭 찾을 수 있을 것 같기 때문입니다.
몇 번 헛걸음 걸었을 뿐인데, 난데없이 빰 위로 떨어지는 눈물방울.
나, 그렇게 슬퍼보였나요?
누가 내 빰 위에 눈물방울 얹어놓고 도망갔나요?
누가 내 슬픔의 물길 틔어 놓았나요?
이제 소리 내어 엉엉 울어볼 것입니다. 괜찮으리라 믿고.

그리움은 갈수록 키가 자라나봅니다.
이젠 잊었나 했는데 새순 틔우며 십 척 키로 훌쩍 다시 자란 그리움.
새빨간 그리움의 예쁜 꽃으로 만개했습니다.
전보다 갑절로 사랑하게 된 나의 '님'
내 안에 푸른 물결 되어 출렁 출렁 마구 파도칩니다.

나, 지금 '님'의 웅덩이에 풍덩 빠져 허우적댑니다.
더 크게 '님'을 부르지 못해, 더 세게 '님'의 어깨 흔들어 깨우지 못해,
'님'을 영영 돌아오시지 못할 먼 곳으로 보내고,
사랑의 키도 더 자랐습니다.
'님'은 영영 돌아오시지 못한다는 데도 말입니다.
그 사랑 다 비워낼 수는 없는 걸까요?

이젠 그만, 날짜 '세어가기'를 멈추겠습니다.
이름 붙여 조각으로 나누기에는, 한 세월이 너무도 짧습니다.
아무것도 따지지 않고 따라갈 수는 없을까요?
하지만 어제는 그것이 다였다고 했던 생각들,
오늘은 변덕부리며 샘솟듯 실 풀려 나오듯, 끊임없이 생성됩니다.

또 다른 모습, 또 다른 목소리로.

무거운 사색들 툭툭 털어내고 가슴 펴 심호흡 하며,
털레털레 빈 걸음 걸어봅니다.
이렇게 비 주룩주룩 내리는 겨울이면,
발밑에 절로 자란 '파란 이끼' 밟으면
축- 늘어진 나뭇가지에 걸린 슬픔에 나도 맥없이 흔들립니다.
떨어지지 않으려 찰싹 매달린 힘없는 나뭇잎에 괜스레 슬퍼져
몰려온 눈물이 쏟아져 내립니다.
햇살 가득한 강변에 절 내려 주십시오.
젖은 마음 추슬러 말릴 틈을 주십시오.

서쪽 하늘로 물러간 세월이 이쪽을 바라봅니다.
"이제 어쩌라는 거냐고" 아우성치며.
이미 써 버린 휴지처럼, 실로 아무것도 할 수 없는데도 말입니다.
그래도 휴지통을 치워버릴 수는 없습니다.
써 버리지 않은 세월이 조금은 남았으니까.

3

고집불통 아이 달래듯 어깨 토닥여 '날' 데리고 갑니다.
안 간다고 못 간다고도 할 수 없는 줄 알기에.
달래고 달래 기어코 한 발짝씩 데리고 가는 것 외엔,
어떤 술책도 모르기 때문입니다.
"똑바로 걸어라" 사정하며,
'초롱초롱한' 아름다움 가르쳐가며,
결국엔 매달려 '날' 사랑할 수밖에 없다는 것을 알기에.

아무것도 섞이지 않은 사랑이어야 '순 사랑'입니다.
거짓 섞이지 않은 말간 사랑.
마음결에 곱게 빗질하고 올올이 기름질 하여,
늦었지만 한 번 더 똑바로 사랑해 보겠습니다.
사랑 사랑 하지만, '날' 사랑하는 것보다 그 누구도
더 사랑하지는 못 할 것입니다.
사랑을 쓸 때는 스펠링도 틀림없이 쓰세요.
한 획이라도 틀리면 그것은 사랑이 아니니까요.

밤은 인내로 오늘도 '나'를 기다려줍니다.
고개 수그리게 하며 올바르게 길에 올라서기를
기다리고 있습니다.

달래다가도 눈물 쑥- 쏟도록 엄하게 훈계도 합니다.
떨리는 다리로 똑바로 서는 연습, 걷는 연습은 이 밤도 계속됩니다.
이렇게 어디까지 가야 할지 알지 못해도, 거기가 어딘지 알 수 없어도,
이 악물고 밤이 시키는 대로, 좀 더 가보렵니다.

보이나요? 내 방 군데군데 적어 놓은 쪽지들.
빈틈없도록 나에게 신신당부하는 쪽지들.
이 세상 지나는 길 명시해 놓은 '한 생명 지침서.'
영육이 아무리 아프다 징징대도 나가야하는 운명의 주인!
누구를 탓할 수 있을까요? 복종하며 따라가야지요.

세월 속을 바람같이 휙휙 지나며 살아가는 생명들.
그중에 '나'도 그저 그런 '바람 한 가닥'인가 합니다.
울기 잘하는 외톨이 '바람 한 가닥'!
때론 속삭이는 훈풍이었다가 돌개바람으로 자라는 바람.
벼 이삭 고개 수그릴 무렵이면 돌고 돌아,
외로운 섬 갈대밭을 지나갑니다.
해변 가 바위 틈 돌며 흐느끼는 언어로 노래합니다.
바람이 쏟아놓은 눈물 모여, 철썩이는 푸른 바다가 됩니다.
외로운 섬, 어느 오두막집 문 두드리며 누굴 찾아 기웃거리는
처량한 바람 한 가닥.

발을 땅위에 세우고, 하늘을 머리에 이고
하늘과 땅을 어버이로 살아가는 생명.
조심조심 낮을 밟고 조심조심 밤을 지나 쓸쓸히 외길 따라가며

속속 밀려오는 가득 찬 의문들.
때때로 빛살에 '답' 내려주시지만, '나' 우둔해
아직 답 터득하지 못했습니다.
구슬처럼 반짝이는 빛의 훈시 알아차리지 못해, 다시 빛에 매달립니다.
연륜이 높아지면서는 밤이면 하늘 훔쳐보기에 급급합니다.
모든 답이 거기에 있을 것 같아 하늘을 뒤지고 있습니다.

하루에 몇 번이나 하늘을 쳐다보았는지요?
몇 번이나 하늘이 내리는 훈시를 귀담아 들어보았는지요?
어김없이 뜨는 해, 달, 별들의 빽빽하게 숨은 이야기들을
들어보신 적이 있으셨나요?

천지 안에 '나'는 그저 작디작은 점 하나.
시간과 공간 사이에서, 주춤주춤 앞섰다 물러서며
두리번두리번, 갈팡질팡, 의문의 고갯짓 갸우뚱거리며,
가벼웠다 무거웠다, 인간 삶의 무게에 짓눌려가며,
휙- 한번 지나가는 회오리바람 한 오라기.

가던 길 속력 멈추며 가슴에 두 손 얹습니다.
앞뒤 번갈아보며 주춤주춤 발걸음 늦춥니다.
나의 팔소매 붙들어 앉히는 이는 도대체 누구?
그리고, 둘러보아도 알 수 없는 이곳은 어디?

내 주위를 맴돌던 것들, 이젠 나의 명령을 거부하고
먼 곳을 고집합니다.

이젠 '나' 두 손 들어 항복할 수밖에 없습니다.
그 많은 날 뒤에 '난' 압니다.
'나' 전에는 완전하지는 못했어도 분명 용감했었다는 것을.

부산하게 부스럭거리며 나아가던 삶이,
언제부터인가 조금씩 늦춰가고 있습니다.
작은 변화마저 거부하며 주저앉기를 고집합니다.
껌벅 껌벅 졸다 혼잣말 웅얼거림도 줄어
입 꾹 다물고 그냥 돌아앉기를 원합니다.
구름이 몰려와 하늘을 덮어, 지난 줄거리는 지워가고,
남은 불의 힘은 점점 약해집니다.
꽃도 피었다졌고, 곡식 거둔 후 삶은 점점 굳게 입 다뭅니다.

아픔이 길 위에 슬픔이란 보슬 비 내려
아무 소리 들리지 않는 캄캄한 곳 향해,
점차 승낙과 항복의 눈빛 보내기 시작합니다.
비밀로 꽁꽁 싸인 세상의 진실 꼭 찾아야 한다며.
이 세상 광활한 둘레 힘겹게 안으면, 빠르게 달려와 안기는 풀 죽은 아픔,
살포시 안아봅니다.

종종걸음 쳐야 겨우 삶의 대열에 낄 수 있는 서글픈 인간들,
왜 한 가닥 슬픔이 삶 전부를 슬픔으로 만들기도 합니다.
신이여! 기쁨의 씨 한 톨 내려주십시오.
바람 쫓아낸 나의 방에서 쉬고 있습니다.
웃음도 쫓겨난 텅 빈 공간에 남은 밤의 침묵.

헝클어진 상념들만 멍하니 둘러앉아 을씨년스러운데.
그렇다 하더라도 슬픔일랑 외로움일랑 키우지 말아요.
포근하고 따뜻한 행복만 키워요.
바람 불러들여 함께 춤춰요.
기쁨도, 웃음도, 바람 부는 대로 그냥 맡겨요.
그냥 그렇게 내버려둬요.

4

앞으로 나아갈 길은 어디일까요?
어쩌다 난 그 길 잃고 울먹입니다.
만들어 놓은 세월 따라 나도 따라
둥실둥실 떠내려가고 있습니다.

시간일랑 깨우지 말아요. 잠시 더 잠들어 있게.
나, 잠시 더 쉬게. 나, 잠시 더 여기 머물게.
이 부스럭거림, 수선대는 움직임을 멈춰 줘요.
시간이 잠 깨려나 봐요. 시간이 내 손 잡아오네요.
'나' 다시 시간에 끌려 하품하고 졸린 눈 비벼가며,
시간에 올라타고 다시 길 떠납니다.

우리는 모두 경기장에 세워진 선수들.
같은 출발점에서 호각소리 맞춰, 이 악물고 죽을 힘 다해 뛰었지만
중도에 벌어지는 간격.
우리는 결코 목적지에 같은 시각에 도착할 수는 없겠지요.
등수는 매겨지고, 점수도 주어지겠지요.

처마 끝에 목줄 묶인 '풍경'의 울음소리에
장단 맞추듯 나뭇가지들 흔들립니다.
흔들림 사이로 새어나오는, 살아있는 것들의 힘겨운 숨소리.

만물이 눈짓 주고받으며, 서쪽을 향해 부지런히 가고 있습니다.
종종 걸음으로, 더러는 느린 걸음으로.
이 몸 또한 해 따라 서쪽으로 갑니다.
때론 흙빛 어둠속 논둑길 따라 또 다른 여명을 기다리며,
'외가닥 바람'처럼 그렇게 가고 있습니다.

한 조각 마음이 슬픔으로 물들어
기어코 나를 슬픔으로 밀어 넣습니다.
애써 한 가닥 기쁨의 손 붙들고 웃어봅니다.
노래도 부르고 흥에 겨운 듯 뛰어도 봅니다.
떠들썩하게 말도 걸고, 우습지 않아도 큰 소리로 웃어봅니다.
내안에는 주룩주룩 비가 새고 있지만.
'나' 지금 길 떠납니다.
햇살 곱게 비추는 양지 아래 젖은 마음 말릴 곳 찾아.

집 뒤뜰 '님' 앉았던 자리에서, 커피 잔 들고
지나는 시간을 물끄러미 바라봅니다.
만져지지 않는 '님'을 옆에 앉히고 더듬어 봅니다.
텅 빈 나의 정원 한 켠에 심어 둔 '님' 그리움.
세월 거치며 무성히 자라, 가득한 그리움 밭이 되었습니다.
정원에 울창한 나무들, '님' 오실 때 혹 못 알아보실까
낯설어하실까 걱정됩니다.

'님' 떠나신 후, 줄곧 '님' 계신 저 세상 훔쳐봅니다.
집안 여기저기 '님' 놓아 주신 그대로 자리 지키는 얌전한 세간들.
살며시 쓰다듬어 '님'의 손맛 느껴봅니다.
영원히 '님'에 속한 '나'로, '님' 남기신 이 자리 굳게 지킵니다.
제 이름 크게 부르며 찾아오실 때, 맨발로 마중 나갈 차비를 합니다.

해님을 맞으려 새날엔 생명마다 분주합니다.
순한 마음으로 묵묵히 안기어 하룻길 조심스레 따라 가보려 합니다.
꽃 피고 새 우는 아름다운 세상을, 언젠가 고개 돌려야 한다니
아쉬움에 웁니다.
정들었던 세상, 모른 체 떠날 수 없어 웁니다.
끊어놓을 수 없는 질긴 정 때문에, 또 웁니다.

'나' 살아가고 있는 이 길, 매일매일 복사된 인생길.
내 노트북에 수놓아진 '나'의 발자국들.
누구든 인생을 알려거든 맨살로 남겨진 '노트북'을 열어보세요.
마음에 물길 터놓고 신명나게 거기와 여기 연결해보며,

뱅글뱅글 맴돌아 남긴 내 '삶'의 모형 다져놓은 발자취.
산길 돌아 바닷가 지나고, 손잡고 걸어보던 그 마지막 지점까지,
'나' 이렇게 살았노라 고백이 담긴 노트북을.

공연히 발길로 차버린 작은 돌멩이 하나 탓해가며,
걸음마다 매달리는 천근만근 무거운 상념들.
나더러 어쩌라고?
험한 길 찬바람 시리게 맞으며 기어코 가야한다며 우깁니다.
미끄러운 길 조심조심 걸어와 바라보니
남은 길은 더 미끄러운 길.
가야 하나? 멈춰야 하나?
그래도 다시 일어나 가 보리라!

난, 작은 생명 하나.
그렇다고 보이지 않는다고는 말하지 마세요.
당신 명부에 오른 당신의 창조물인 '나'를.
맹세가 여물도록 빌고 있는 <작은 생명> '나'!
희로애락을 알고 파랑 불 빨간 불 반짝이는 삶,
그 삶에 빠져 뜨겁고 차갑게 살아온 '나'입니다.
호사스러움 외면하고, 빈손으로, 알몸으로,
작은 꿈 하나 따라가겠다는 맹세로.
하지만 익숙해지고 달라짐 없는 평범한 인생살이로.
괜스레 허공 향해 가끔씩 손뼉 한번 '탁' 쳐보면서.
누가 일장춘몽 인생살이라 했습니까?
꿈이라기엔 너무 뚜렷한 삶. 누가 이 '꿈'의 주인이십니까?

그 '꿈'에서 제발 '날' 깨게 해주십시오.
이제 그만 '방황하는 꿈'에서 절 풀어주십시오!
이 생명 다 하기 전에 꼭 알아야겠습니다.
방황의 시작과 끝에 매달린 그 꿈을.
그때가 오면 허송한 세월이 원통해 엉엉 울 것입니다.

하나씩 꺼져가는 생명, 하나씩 사라지는 생명
허전한 주위를 인식하며, 삶의 끝을 추리해보는 시간.
울음도 통곡도 입 꼭 다물어 버립니다.
생명은 귀한 존재, 곱게 다뤄야지요.
폭소와 눈물로 세상이 희롱한 것을 아는 생명들에게
세상이여!
한번 꼭 껴안아 주십시오. 그것이면 족하겠습니다.

한 동안은 좀 더 가도록 되어있는 나의 생명.
내 영역에 아무것도 들이지 않으려 문 잠그고,
벌레 한 마리도 못 들어오게, 스크린 문 잠가 놓습니다.
외로움 안에 '날' 가두고 '홀로'를 고집해 봅니다.

무수히 해 온 시작의 행진, 그 어렸던 시작들.
몸뚱이도 꼬리도 없이 시작들만 오물거리는 비좁은
나의 인생 골목 길.
오늘이 어제의 시작이라는 것은 까마득히 잊어버린 듯,
시작의 기둥들만 우뚝 세워진 멋쩍은 삶의 모습.
열차는 오늘을 지나 내일로 도착하는데.

차창엔 온통 떠나보내는 것들뿐. 깃발인양 물결치는 손 흔들고
내일을 향한 급행열차는 속력을 내어 달려갑니다.

때때로 웃음 팔고 들어와 왜냐고 물어봅니다.
그냥 주고 싶어서? 관계를 위해서?
나를 위해서? 그냥 그러고 싶어서?
존재를 증명하려고? 가난한 '나' 그것 밖에 줄 것 없어서?

두 손 갖다 얹고 보니 뜨겁게 뛰는 가슴!
가슴 한복판에서 콩닥거리는 숨결소리,
그 팔팔한 온기를 잠시 잊거나 외면했나 봅니다.
이토록 불붙는 순간은 좀 더 이어질 것입니다.

5

미궁의 동굴 지나, 얽힌 수수께끼 문제 하나씩 풀며
'나' 어디로 가려고 이토록 기를 쓰고 있는지요?
혹시 '마지막'이란 이름을 가진 그곳은 아닐까요?
진정 거기에 가려고 이토록 혼신의 힘을 쏟고 있을까요?
더 이상 정들지 말고 그저 지나가자고 마음 달래보지만,

팔소매 끌며 잡아당기는 유혹들.

고삐 잠시도 풀지 않고 먼 곳까지 달려온 상념들.
봇물 터지듯 콸콸 쏟아져 내립니다.
하늘에 띄우고, 땅에 묻고, 더러는 바다에 띄워 보내도
철철 넘치는 갈래갈래 생각들, 생각 따라 바빠지는 걸음들.
한정된 시간의 밀어붙이는 재촉에 더욱 바빠진 내 걸음걸이.

시간 안에 마쳐야 할 남은 일감들.
남은 시간과 일감의 부피를 맞춰보며
두 팔 걷어 올리고 시간 앞에 정좌해 앉았습니다.
하루만큼 열리는 시간, 어떻게 잘 써야지?
궁리와 땀과 눈물 모두 동원해 다시 정자세로 앉아봅니다.

10년 세월을 정들어 온 우리 마을 Del Web, Glen Brook 마을 가로수.
아침마다 오가며 철따라 변하는 가로수 지켜보았습니다.
어느 날, 오렌지색 점 하나 몸뚱이마다 찍혔기에 이상하다 했더니
며칠 후면 그들 모두 자르겠다는 통보라고 합니다.
오늘 아침 산책길엔 눈물이 핑- 돌았습니다.
사형 날짜 받은 것을 아는지 모르는지.
사랑스런 잎새들 햇살 따라 유난히 더 반짝입니다.
반가웠어!
고마웠어!
사랑했어!
이젠 그만 안녕! 안녕….

한 자리에서 그늘을 내주고 묵묵히 인내를 가르쳐 준 고마운 가로수
이 착한 가로수에게 어떻게 내 마음 알리지?
어떻게 안녕이라 인사 하지?
몸통에 두 팔 둘러 꼬옥 포옹해주니
콸콸 물 끌어올리는 살아있는 소리 들립니다.

태어난 날부터 내 몸 어딘가에 찍혀있을 오렌지 점 하나.
내일을 계획하고 욕심 움켜쥐고 바동거려도
여전히 오렌지 점 찍힌 '나'.
날은 저물어 가고 어둠이 곧 닥칠 것입니다.

나훈아의 노래 한 소절이 가슴을 찌릅니다.

늙은 소 한 마리 힘들어 하네.
'음매' 하며 힘들어 하네.(중략)
저녁 깔린 뒷마당에 쉬었다 가세.

번잡하던 곳 지나고 넓은 벌판 지나, 좁은 숲길로 들어서면
적막이 시작되는 또 다른 인생,
'낯선 어느 길목'에 서있는 상처투성인 나,
천지 신께서 보냈던 바로 '나'입니다.
빛을 조금만 더 가까이 비춰주십시오!
네, '저' 맞습니다!

이제, 빈 시간은 모두 내 것이 되었습니다.

쪼개어 칸칸에 정신없이 나눠주어야 했던 시간들,
늦게나마 나를 위해 쓸 수 있는 시간들.
쫑쫑이 세워놓았던 마지막 꿈들, 뜨겁게 불타오릅니다.
아무도 알아보지 못하는 '빈자리'에 앉아 겸손으로 가득 채워진 마음,
환히 열린 천지에 풀어놓고, 이름과 생년월일 알립니다.
'나' 틀림없음을 고하며 열렸던 문 하나씩 닫습니다.
잊었던 고마움 한꺼번에 노크해 와서, 기어코 날 울리고 맙니다.

무엇 때문에 슬픔의 열매 그토록 필요하신지요?
알알이 잘 익은 슬픔들. 생명은 끊임없이 슬픔을 키우는 행위!
이별을 호되게 가르치는 뜻은 무엇인지요?
슬픔이 익어가는 순간, 우린 혼자의 그림자놀이에 지쳐가며.
슬픔이 무르익은 찰나에, 우린 마지막 안녕을 고합니다.
마지막 눈물을 쏟으며.

세월이 홱홱 바람처럼 지나갑니다.
색동옷으로 갈아입고 오는 가을의 빠른 걸음걸이
그 바람에 떨어지는 낙엽들 구경거리나 있는 듯,

빠르게 달려 사라져갑니다.
바람 앞에 등잔불 같이 간당간당 생명줄 잇고 있는
우리도, 달려가긴 마찬가지입니다.

나 하나 떠나간다는 것은 자리 하나 비운다는 것,
지구 상 인구 한명이 줄고, 미국, 캘리포니아,
앨크 그로브 동네 인구 한 명이 줄고,
그리고 한국인 한명이 줄어드는 것.
내 자리 비워주면 조금은 움직일 천지.
'나' 그토록 대단한 존재였거늘.
딸의 자리, 엄마 자리, 벗들 자리 끊어지는 줄 소리,
가늘고 약하지만 분명한 소리.

드문드문 심어진 공상의 뿌리들이 서로 엉켜 밭을 이룹니다.
아니 왔던 것처럼 지나칠 수는 없는 밭
한 점 얼룩으로만 남을 수 없는 밭.
과오의 얼룩 점 지워보려 매질 멈추지 않으며.
결국은 죽음으로 이르는 밭.
내 눈물주머니는 왜 자꾸 열리는지요?
비빔밥에 참기름 한 방울 떨궈 놓듯이,
삶에 새겨 놓는 장식품처럼.
나도 몰래 주르륵 납시는 눈물의 행차!
울어서 해결된다면 바가지로 쏟아낼 펑펑 눈물 있지만,
내버려두면 이 세상 끝날 때까지 멈추지 않을 눈물 있지만,
아무 짝에도 쓸모없는 눈물아, 이젠 그만 뚝!

가을의 쓸쓸함 부지런히 실어 나르는 10월.
내 가슴에도 공연히 울먹이게 되는 가을이 파도쳐옵니다.
'난' 계절 앞에 묵념하며 높은 하늘 아래 정중히 꿇어앉습니다.
이 가을에 손 놓고 싶지 않아 매달려 따라가려 합니다.
아직은 아무것도 빼지 마! 무겁다고 내려놓지도 마!
스스로 일어나지 못할 때까지! 이것은 내게 하는 명령이야!

<어디까지 왔니?>
잡힌 줄 흔들어 어디까지 왔는지 짐작해 봅니다.
북적대는 세상에 섬처럼 남아, 외톨이로 서성이는 그림자.
지금은 어디쯤에?
창문 열면 다른 얼굴의 사철이 연이어 방문합니다.
변하는 내 모습도 철따라 흐르고,
우주는 하나로, 어디론가 멈추지 않고 흘러가고 있습니다.
내게 안겨오는 '새날', 우리 한번 잘해 보자며,
조용히 열리는 신비의 세계에서 서로 손 잡습니다.
슬픔, 눈물을 일러 아름다움의 씨앗이라 했던가요?
내 마음 웃는 건지? 우는 건지?
웃음과 울음 범벅으로 가득 찬 마음.
알 수 없는 슬픔에 빠져, 방황의 어지러운 그림자만 남겨놓으며.

고개 푹- 수그리고, 시간 위로 꾹꾹 밟고 걸어가는,
당신, '나'는 누구?
눈 지그시 감고 걸어가는, 당신, '나'
삶에 대한 답 얻지 못해 애태우며,

혹이나 무슨 답 들릴까 발걸음도 가만 가만, 조용히,
세월 따라 꾸준히 가고 있는 당신, '나'
죽기 살기로 새벽에 올라 탄 또 하루의 길 따라,
묵묵히 내려가고 있는 나그네 당신, '나'
당신의 참 이름은 '나'란 당신.

허술히 맞고 쉽게 보냈던 삶.
그땐 이토록 간절한 그리움으로 남을 줄 몰랐습니다.
새롭게 펼쳐보는 추억 토막들, 간절한 무게.
이젠 다시 안아줄 수도 없어
아쉬움만, 마음 칸칸에 꼭꼭 박혀 남았습니다.
추억에 취해 비틀거립니다.
그리움에 취해 비틀거립니다..

해처럼 꽃 피웠던 젊은 시절, 온데간데없이 사라져 버리고,
삶의 꼬부랑 길 따라 오면서, 생각이 그려놓은 어지러운 낙서.
이것은 나의 자화상, 모두 부끄러운 진실 토막들.
그래도 자랑은 난 어쩔 수 없는 '오뚝이'
세월 줄에 걸린 목숨 잠깨는 시간이면
어김없이 발딱 일어나 차렷 자세 취하는 '오뚝이'.

가을이 섬뜩 들어서니, 바람 가득한 골목에 그리움도 몰려옵니다.
잊을 만도 한 그리움들, 어쩌자고 사방에서 한꺼번에 날 부르는지요?
웅성이던 무리들 하나 둘 떠나간 빈 들판에서.
나 바람 되어 님 찾아 헤매는 이 가을에.

바람 타고 모퉁이 돌아오시는 가을.
가을은 우리들 잡은 손 떼어놓으며, 홀로 서라 합니다.
만물은 서둘러 못다 한 '삶' 마무리 지우려는 양으로,
발걸음 재촉해 옵니다.

별님들도 추워 보이는 가을
'나' 언제가 될지 모를 이별 생각하며
눈물 미리 떨구고 조용히 날개 접습니다.
작은 목소리로 쓸쓸한 가을 노래 불러봅니다.

깊고 아득한 우주 천지, 그 끝은 어디?
광활한 그 안에서 '나' 까불지 말아야겠지요?
통곡도 말아야지요. 소용없어요!
눈물도 흘리지 말아야지요!
투덜거리지도 말아야지요!
제 자리 지키고 있어야겠지요!

새 날이 문 밖에서 기다리고 있습니다.
아직은 살아있는 '내' 심장 박동 소리.
'요동친다.'고 해야 하나요?.
살짝 사립문 열면 밖과 안이 하나 되어,
난, 나를 송두리 채 그 안에 섞어놓습니다.
반가운 인사 나누고 감사함에 듬뿍 젖어,
나도 몰래 그 세월 안에 서서히 녹아듭니다.

하늘이시여!
하늘에 닿아보려 발꿈치 한껏 치켜 올려 애써 보는 시간입니다.
얼토당토 않는 이 무지한 행동.
이러지도 않으면 어떡하라는 것입니까?
노트위에 휘갈겨 쓰는 나의 맹세도, 차츰 기운 잃어가는 즈음에.
한 번 더 발꿈치에 힘주어 땅까지 쿵쿵 울려가며,
또 한 번 호령을 시작해보는 무지의 순간.
필체는 점점 엉망이 되고, 점점 눈도 침침해지는
인생 장이 끝나려는 시간에.

평생 신고 걸어온 신 가지런히 벗어놓으며,
한 발 물러서 가만히 뒤돌아봅니다.
내 안에 조금 남아 달랑이는 고운 미소,
괜스레 혼자 한번 살짝 지어보며.

난, 이제부터 가장 가까운 것부터 사랑해볼 것입니다.
저 먼 곳의 것들은 모두 헛된 꿈일 뿐이기에.
멀리 떠나보낸 마음, 해 뜨기 전에 속히 모두 불러들입니다.
이 세상 소복이 채워진 모든 것들, 모두 나의 벗들.
그런데, 왜? 난, 자꾸 외로워하지?

나, 지금 신비의 세상 속으로 조심스레 걸어가 봅니다.
신비스런 이어짐의 기적!
너와 나, 그리고 나와 너!
한 번 더 얼굴 맞대고,

한 번 더 이름 외우며, 한 번 더 이름 불러보며….
위태로이 흔들다리 건너며, 부름에 응해 돌아올 그 답 기다리며.
세상 숲 어디 쯤 더 깊은 곳으로, 조심스레 걸어가고 있습니다.

상념의 심지에 불 붙여, 조심조심 살아가는 인간들.
늦은 날에도 새로운 착상으로 철철 고여 넘치는 꿈.
샘물이 조용히 고이듯, 행복으로 가득 고이는 우물이었으면,
끊임없이 졸졸 흐르는 산골짝 개울물이었으면,
더욱 좋겠습니다.

긴- 세월 거쳐, '난' 날마다 하늘 쳐다보기를 즐기며 살아왔습니다.
오늘 '나' 아직 자라고 있다고 믿고 싶어 하며,
이미 자라버렸나 하면서도.
'나' 하늘에 또 한 번 약속을 걸어봅니다.
많이 늦었지만 '나' 지금도 좀 더 지혜가 자라기를 바라며,
하늘이 '날' 고목이 될 그 순간까지 지켜줄 것을 믿으며.

항상 정직해야지요. 꼬투리 하나도 숨김없이,
내가 나에게 말을 할 땐.
느낌에 꼭꼭 줄 맞춰, 한 금도 어긋남 없이 말해야지요!
불리지도 빼지도 말고, 내 모습 그대로.
잘난 체도 못난 체도 말고, 내가 나에게 말을 할 땐.
'나' 팔랑개비 같아서도 안 되겠지요?
'추' 달아 제 자리 지켜야하겠지요?
이랬다저랬다 하지 마! 방황하지 마!

생명은 그렇게 긴- 시간이 허락 되지 않았어!
다시 돌아누워 봅니다. 그때 그 편안한 자세로.
그런데 그때 그 편안함은 아니어서 긴- 긴 밤의 몸부림.
세월에 깎인 내 모습입니다.
<헤라 클레이토스>는 '우린 같은 강물에 발을 두 번 담글 수 없다'고
했지요
같은 강물에 들어가도 이미 다른 물이 흘러오기 때문이라고요.

외로움, 나더러 누구에게나 매달려보라지만
'자랑'이란 놈이 절대 허락지 않습니다.
무척 센 척 몸 꼿꼿이 세워 걸어가지만,
내 안에 외로움이 소리치고 있습니다.

천지 안에 '나' 하나란 참으로 귀중한 존재.
하늘에 가득한 별님들 중 '나' 별 하나처럼.
별님처럼 반짝이지는 못해도,
언제나 내일을 살아갈 꿈에 묻혀 살아갑니다.
늦은 날에 또 한 벌의 파티 복 사들이기,
꿈도 야무지게 말입니다.

7

천지 안에 '내 자리' 알아내기 위해
차렷 자세 꼿꼿하게 세워봅니다.
해님, 달님, 별님 앞에도 다시 서봅니다.
내가 누군지 알고 싶어 고심합니다.
기어코 죽고 난 다음에야 알게 될까요?
하지만, 그 대답 얻기 위해 일부러 죽어줄 수는 없지요!

'나'란 외형 안에 꽁꽁 싸인 '나'란 전부.
요동치는 생각 가득 부둥켜안고,
바람 따라 '난' 지금 어디로 가고 있는지요?
끊임없이 흐르는 시간의 줄기 따라,
어금니 꽉 깨물고 무서움 애써 참아가며,
'오늘'이란 지점을 용케 빠져나가고 있습니다.
내일이란 커튼 활짝 열면 파랑새 파드득 날아오르리라 믿고.

두 주먹 불끈 움켜쥐고 세월 자락에 꼭 매달려,
진땀 빼가며 이 지점 지나느라 애쓰고 있습니다.
부지런히 여기를 지나고 있습니다.
'채워짐'인가? 텅 - 빈 '공'인가?
종잡을 수 없는 이 '존재의 자리'.

도무지 알 수 없는 한 삶의 여정,
그 하나의 완전한 마감이 낭패하지 않게,
'나' 그렇게 조심스레 가고 있습니다.

잘라 내어버릴 수 없는 생명 줄 길게 - 이어가며,
상념들 발 들여 놓을 틈 없이 비좁게 꽉 차인,
살아 꿈틀대는 꿈들 가득 보듬어 안습니다.
나에게 분배된 시간과의 약속을 지키기 위해.
노심초사 진땀 흘리며 부지런히 약속 따라 가고 있습니다.
만물이 쓰다듬어 주기를, 보듬어 주기를 기다리면서.

난, 이른 아침 석고상의 머리를 공연히 쓰다듬었습니다.
이 알 수 없는 나의 행동.
생명들은 모두 외로운 개체, 서로 등 기대고 싶어 합니다.
아닌 척 외고집 부려보지만, 마음은 수시로 너에게,
또 다른 너에게로 달려가 등을 맡기려합니다.
아닌 척 '홀로 서 있기 버팀'은,
어쩔 수 없는 나의 쓸데없는 자존심 때문입니다.

무엇을 위한 버팀인지?
내 자리 지키기에 '기' 쓰다보면 또 하루가 가고,
봄, 여름, 가을, 겨울, 사철도 지나고,
한 삶은, 또 그렇게 훌쩍 지나가 회복할 시간이
영영 없을지도 모릅니다.
난 진정 아는지! 모르는지!

하늘은 어찌하여 침묵만 하십니까?
너무 늦기 전에 호통 쳐 주십시오. 어서 순종하라고.

영웅은 무엇이며, 순국은? 자결은?
영차! 영차! 외침 속에, 이마에 굵은 구슬땀 흘리는,
무수한 저들의 노력은 진정 무엇을 위함입니까?
총칼로 전쟁에 임하는 저들은, 또 어째서입니까?
눈물 흘리게 만든 이유를, 이젠 말해 주십시오.
비가 내림은, 하늘이 슬퍼서 흘리는 하늘의 눈물입니까?
그것도 말해주십시오.
알 것도 같고, 모르는 것 같기도 한 아련한 간지러움들.
목숨 줄 따라 자란 의문들의 잔가지들 쳐 내고,
심지 박힌 두더지 마냥 다시 깊은 곳으로 파고듭니다.

신이시여, 당신을 만난 적은 없지만,
믿고 내 마음 털어 아뢰어온 그 긴- 세월.
신이시여, 당신만을 믿고 기대어 온 긴- 세월이
지금은, 저- 삶 뒤편에 차곡차곡 가득 쌓였습니다.

겨울 찬바람에 칼날 세우는 날카로운 저 울음소리들,
슬픔 때문만은 아닐 거야! 아마 그리움 때문일 거야!
불쌍하기라도 하다는 듯 연신 '날' 달래고 있는 '나'
야물 차던 '난' 온데간데없고 연륜이 실어다놓는 서글픔.
비틀거리며 빈 공간을 거닐고 있습니다.

한 번 더 그 자리, 그곳으로 돌아가고 싶습니다.
꽃망울 맺던 시절로, 열매 맺던 시절로.
지금은 노송 아래 하얗게 눈서리 쌓입니다.

잘 뚫어지지 않는 지나온 '길'
거기로 돌아가 무엇을 어쩌자는 것인지?
어느 땐가 중심에서 쫓겨 밀려날 것을 시작부터 알았거늘.
그래도 청춘은 참으로 아름다웠지!

돌이켜보는 날은 반딧불인양 어둠 속에 빛나,
가없이 가슴 설레게 하며 '날' 홀립니다.

길지 않는 한 삶이, 더 담을 수 없는 한정된 그릇처럼
거의 다 찼다는 걸 알고, 싱겁게 씽긋 미소 한번 지어봅니다.
이 '편안함'이 쭉- 지탱해주기를 바라면서.
마음은 꼬리 길게 내려뜨리고, 미지 속으로 파고듭니다.
곧 방황의 어지러운 그림자, 층층으로 남았습니다.

가만히 다시 들여다보니, 나뭇가지 사이사이에서
알알이 여물은 세월, 지금 반짝이고 있습니다.
마지막 계절에, 가지에 매달린 세월이 굵은 빗방울인양
후드득후드득 방울 되어 떨어지고 있습니다.

세월이 내 앞에 가득히 실어다 놓는 질문들, 하나, 둘, 불어나
연신 고개 갸우뚱거리는 버릇이, 나도 모르는 사이 생겼습니다.

살다보면 알게 되겠지, 답은 얻어지겠지 하며,
기다리며 살아온 긴- 긴 세월만큼 난 더 고개 갸우뚱거리며,
골몰해집니다.
그리고 자욱한 안개 속에서 '난' 또 길을 잃습니다.

창에 그림자 비춰가며 서있는 조무랑이 생명 하나,
겁도 없이 삶 줄에 높이 올라 타 널뛰기 합니다.
하루에 한 치씩, 더 먼 곳을 흠모하며
저- 하늘 끝자락을 향해.

난, 나의 노래 만들어 불러볼 거예요.
비 내리면 비 맞으며, 좀 젖으면 어때요?
햇살 아래 또 곧 말리면 되잖아요.
넘어질까 겁내지도 않아요. 다시 일어서면 되잖아요.

세월 넘나들며 보낸 긴- 세월, 그리고 곧 겹쳐질 또 다른 세월.
늦은 날에 가슴 뛰게 흥분하며,
또 한 번의 운전면허 5년 연장을 거머쥐었습니다.
진정 '난' 그 5년 연장의 끝까지 살아남을 수 있을까 하며,
내 앞에 달랑이는 달력을 짚어봅니다.
시간 속으로 파고들어 '나'와의 아리송한 관계를.
나에게 남은 일 년, 일 년이 얼마나 소중한지요?

멀리 펼쳐진 드넓은 천지.
그 안에 한 뼘만 한 나의 보금자리,

'나' 그 안에 머물며 그리움 키웁니다.
사랑이란 꽃 한 송이 열심히 키우며,
언젠가는 벽 허물어 내 사랑 꽃 한 송이 보일까 하며.

'삶'이라는 어마어마하게 큰 이름을 십년씩 다발로 묶어보니,
이미 여덟 다발도 넘게 살고도,
'난' 그 작은 부분 하나도 파악하지 못해
가슴 뜯어가며 몸부림칩니다.
아리송한 생명이지만 무너지지 않게,
그것은 심지 꽂아 세워가는 가없는 노력입니다.
왜 세계는 지금 명상의 무게가 먼지처럼 가벼울까요?
'참'을 추구하던 단정하던 옛 모습들은 간 곳 없고
왜 옷고름 풀어헤쳐 놓고 '자유'를 부르짖을까요?

매 순간 빽빽이 쌓아올린 추억, 그 세월 위로 83년을
아슬아슬하게 쌓아올린 '추억 탑'이 서있습니다.
간들간들 위태롭게 휘청거리며 무르익은 생명의 달랑거림.
점차 한 생명이 감당하기엔 너무 무거워진 추억.

앙상한 겨울나무 야윈 가지사이로, 가로등이 외로워 보입니다.
하얀 안개 옷 받아 입고, 봄을 애타게 기다리는 간절한 모습.
고독한 그림자들 치우고.

외로움 물씬 풍겨지는 '거기' 아니 '여기'
나, 홀로 곰살 맞게 내 마음대로 자유를 만끽하는 공간,

그런데 왜 자꾸 그 자유가 겁나고 무서워지지요?
조금의 간섭과 구속이 어쩌면 나에게 필요한 가 봅니다.
인생 여든 즈음은 누구나 '나'처럼 이런가요?
마지막 골목에서 돌개바람에 이리저리 휩쓸려 비틀거리고
무수한 의문의 문턱에서 '나'처럼 속수무책 방황하게 되는 걸까요?
왜냐고 무엇이냐며 묻고 또 물어가며,
방황의 끝자락 어느 쯤에서, 자신의 그림자 거둬 가면
'영원'이란 공간에 영영 묻혀버리는 것일까요?

난 오늘의 정비를 끝내고,
손 번쩍 들어 또 하루의 시작 준비완료를 세월에게 알립니다.
'오늘' 건너 갈 '다리' 두들겨보며, 조심스레 시작하는 오늘 하루.

팔십년 넘게 살고도 무서운 것이 있을까요?
찬바람 몰아치는 황혼의 마지막 길목에서 해보는 '홀로 서기'.
아무리 둘러보아도 '날' 붙잡는 이 없는,
난, 이제 그저 그런 힘없는 '한 노인'!
난, 이제 그저 이름도 낡아버린 '한 노인'.

꼬마 손녀 앞에서 아는 척 해보지만,
부끄럽게도 왜 이렇게 아는 것이 없지?
손녀보다 열배나 더 살았으면서.
점점 밀려나는 깜박깜박 꺼지려는 기억들.

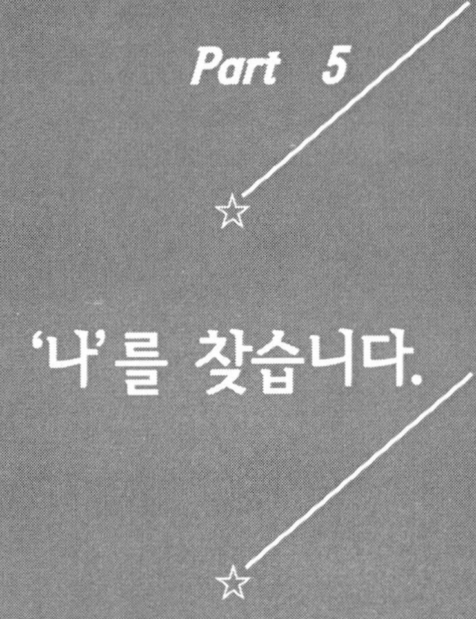

Part 5

'나'를 찾습니다.

웅성거리는 잡음 뚫고 들려오는 청아한 목소리,
가슴으로 날아와 내 안에 핀 장미 꽃 한 송이.
세상의 원초적 순진함 간직하고
저 하늘 끝자락에 피어오른 고운 무지개
그 가운데 서서 방황하는 나.

날이면 날마다 이 길 부지런히 걸어 난, 어딜 가고자 하는 거지?
난, 진정 어디로 가기를 원하는 거지?

몸은 여기 외딴 곳에 남겨두고, 도랑 뛰어 건너고,
작은 통나무 다리 지나고, 다시 긴 다리 건너
내 마음은 지금 어디로 가고 있지? ☆

1

아직 열지 못한 작은 알맹이 하나, 나 열기 원합니다.
세상 살아가는 답이 그 안에 숨겨 있을 것 같아
작심하고 열어보려 해도 미끄러져 튕겨나가
요리 조리 '나'를 잘도 골립니다.
많은 이들은 알맹이 열어보았다는 듯, 말들 합니다.
그런데 나는 왜 열수 없나요? 부럽습니다.

무의식중에 한 발씩 옮기게 날 연신 다른 장소로,
옮겨놓는 이것은 무엇이지요? 아님 나를 조절하는 그 누구는?
긴 세월 그렇게 떠밀려 나 지금 여기까지 와 있습니다.
타인의 눈길과 수군거림에 끌려 갈대마냥 흔들려온 삶.
조마조마하고, 이것인가 저것인가, 방황은 내 삶의 전부.
여기쯤에서 고유한 '나' 찾을 때가 아닌가 싶습니다.

우주의 시작과 끝 '빅뱅'이니 '블랙 홀'이니 낯선 단어 파고들면서.
스티븐 호킹(Stephen Hawking)의 저서 <시간의 역사>는
'우주가 존재하는 이유' 그리고
'우주의 기원과 운명'에 대해 들려줍니다.
우리가 숭배하는 창조자는 누가 창조 했는가 질문하며.
창조자를 우리가 필요로 하는 이유에 대하여.

아침 산책길에 힘차게 떠오르는 해님께 인사드리고,
고개 푹 숙여 풀죽어 돌아가는 내 모습
해님은 분명 그런 나에게 한 마디 하셨을 겁니다.
가련하다고, 힘내라고, 해님이 많이 사랑한다고.

어둠의 한 복판에서 이마에 두 손 받치고,
'난' 진정 무엇을 이토록 간구하는 걸까요?
아무리 생각해도 '난' 이미 모든 것 다 가진 것 같은데.
그러다 딱 마주친 '참회'란 단어, 바로 그것이었나요?
하늘의 별님들이 들려주고 싶었던 것은
그래, 맞습니다. 바로 그것이었나 봅니다.
그리곤 '난' 무릎 탁! 쳐가며, 깨달음으로 기쁨에 잠깁니다.
삶이란 바로 순종을 가르치는 훈련의 연속인가 봅니다.

이젠 물길의 방향을 바꾸어볼 때.
틔워지지 않는 물길 붙들고 진땀은 그만 흘릴 때.
낯설고, 서툴고, 서먹서먹하지만, 대담하게 코스 한번 바꿔볼 때.

뒤뜰에 나무들이 몰라보게 훌쩍 커 버린 것이
세월이 많이 흘러버렸나 봅니다.
홀로 보낸 세월이, 그 나무아래 소복이 쌓였습니다.
아무데도 못 가면서 뭣 때문인지 서둘러지는 마음,
하고 싶은 일만 가득 쌓인 남은 삶 뒷전에서
축- 쳐져 늘어진 내 그림자 유심히 바라보며,
해도 좋지만 하지 않아도 무난한 억지 꿈들.

그래도 한다면 더 좋을 것 같아 꿈틀거리는 꿈들.

인생은 결국 서로 잡았던 손을 놓아주고
저마다의 길을 가야 하는 것을.
'나' 쓸쓸히 12월의 차가운 공기마시며
앞으로 내려갈 곳이 더는 많지 않다는 것 알아
쓸쓸함이 온 몸을 타고 간지럽게 흘러내립니다.

가득해 보이나 실은 '허무 뭉치'.
먼지처럼 가벼워 더는 채워지지 않는
가득 하나 실은 비어있는 것들.

꿈의 싹 숭숭 위로 솟아 올리며, 촉 틔워 눈길 보내면
아련한 그림자 여울 하나, 천만 갈래 빛살로 뻗쳐갑니다.
닿을 곳 정하지 못 해 무궁히 머뭇거리며,
아득함으로 무늬 놓는 그 도착지.

가슴 한 복판에서 싹 틔어 말갛게 뻗어나가
또 깊은 아득함으로 뻗는 새 줄기 하나.
공상은, 꿈은, 아득함 뚫고 직선을 그리다가,
어느 한 점에서 용감히 온 몸을 던집니다.
닿을 곳 모르듯 깊이 더 깊이 빠져들고 있습니다.
어디선가 부르는 알 수 없는 그 소리 따라,
내 마음 그 기로를 향해 점점 더 가까이 다가가 봅니다.
'날' 흔쾌히 승낙해 두 손 모아 조용히 무릎 꿇게 하는,

하나로 섞이는 그곳으로 가보려 합니다. 더 깊어지는 아득함으로.

'나' 왜 이렇게 흥분하지요?
이 모습이 내 모습은 아닌데 말입니다.
차분히, 찬찬히, 이런 것들이 내 모습이어야 하는데.

정해진 테두리 안에서, 늘어졌다 오므라졌다 하는 내 실력으로는
절대 으스댈 수 없는 한정된 내 지혜.
그 안에서 어쩌다가 팔 한번 길게 뻗어봅니다.
좁은 지혜의 테두리 안에서 '나' 어쩌자는 것인지?

머리 위 물동이의 물은 걸음 따라 일렁이지만,
그 안에 물은 고요하고 일정합니다.
사뿐 사뿐 조심조심 걷기만한다면.

마음의 촉수 더 높여 세상을 바라볼 수는 없을까요?
길이 있지만 없는 듯, 잠시 멈춰 본 실로 허약한 이 지점.
못 다 이룬 꿈들 불러들여, 요것인가 조것인가 다시 짚어보며.
다시 달리라고 지금은 채찍질해야 하는 지점.
한 번 더 달려보리라 라고 다시 다짐해보는 지점.
'천지신명'을 간절히 부르짖어 보는 바로 이 지점.

간다면 가는 거지요! 작정하고 간다면 가는 거지요!
목숨 걸고라도 '난' 꼭 그리로 가 볼 것입니다.
마지막이라고 하는 그 어느 지점까지.

내 보금자리 안에서 난 '여왕'이랍니다.
이 안에서 포근히 잠들고 생각들을 키우며,
스스로에게 왕관 씌운 나는 어린 '여왕'이랍니다.
이 왕국에서는 '나'만 다스리면 되는 '여왕',
외롭다 말아요, 화려한 나의 왕국에서.

우린 진정 얼마큼 가져야 다 가졌다 할 수 있지요?
얼마큼 행복해야 완전하게 행복하다 할 수 있지요?
무엇을 어떻게 해야 이 삶에서 완전하게 만족하지요?
그만 이쯤에서 다 가졌다 할 수는 없을까요?
이제 이쯤에서 편안해지면 안 될까요?
손 툴툴 털고 신나게 춤이나 추면 안 될까요?
마음 문 활짝 열고 넓은 평원으로 마구 달리면 안 될까요?

생각들 차곡차곡 개켜 보면,
지금 내 자리는 가진 것 많은 감사한 자리.
분에 넘친 참으로 복된 자리.
감사만 기억하며 "행복하다"라고만 해야겠지요.

만사를 더러는 모른 척하며
마음일랑 넓은 하늘 아래 푸른 초원에 눕혀놓습니다.
바람과 벗되어 치맛자락 팔랑팔랑 날리고
너울너울 춤추며, 마음 묶인 끈 풀어 창공을 훨훨 날아봅니다.

해 지는 풍경, 낙엽 지는 모습에 흘리는 이 눈물의 뜻은 무엇일까요?

나 지나는 이 '골목'은 눈물의 '골목'인가 봅니다.

평생을 채찍질해 오고도, 아직도 호된 채찍질.
모닥불 피워가며 활활 타오르는 '나'.
살아 있음은 줄곧 어디론가 가야하는 것일까요?
매 순간 방울 흔들며 아직은 좀 더 가야할까요?
가볍게 사뿐히 시간 위를 훌쩍 걸어갈 수는 없을까요?
내가 보이지 않을 때까지.

거울에 비친 나의 질긴 목줄!
80해를 훌쩍 지나고서야 뚜렷이 보이는 목줄!
위태롭게 간들간들 머리와 몸뚱이 잇는 그 목줄!

2

자질구레한 꿈의 씨앗들 조심스레 골라보는 2019년 첫날.
살아있는 동안 꿈과 희망은 결코 포기할 수 없습니다.
살아있음으로 고뇌하는 원리를 비로소 받아들이고,
살아있음을 기뻐합니다.

가느다란 숨소리만이 조용히 울리는 시간,
무엇 때문인지 자꾸 슬퍼지려는 '나'를
곧장 가면 된다고 애써 타이르며 달래봅니다.
헝클어져 달려오는 윙윙 바람소리 들으며.

숨결 장단에 맞춰 두 손 모으고 아무것도 않는 것이
어쩌면 살아있는 내 모습인지 모릅니다.
'마음 똑바로 세우기 훈련',
자신을 깨우치고 성장시키는 '축복의 순간'.
삶의 물속에 일렁이는 물그림자 유혹에 빠지는 것,

화초들은 꽃 피우고, 삶은 오케스트라 화음에 맞춰,
하늘을 배경으로 아름답게 포즈 취합니다.
저 꽃은 저 꽃대로, 이 꽃은 이 꽃대로 간들간들 목 인사 나누며.
봉숭아, 채송화, 달리아 각각 다른 이름, 갖가지 모습으로 방실거립니다.
걸음마다 구슬방울 달고 빛 속으로 향하는 비밀스런 생명.
꽃 송이송이 마다 미지의 문 살짝 열고
이슬 밭 지나 발 촉촉이 적셔가며
순종을 꿈꾸는 아리따운 꽃봉오리들.

긴가 민가 조심스레 열어가는 또 다른 아침,
그렇게 인생은 간들간들 가냘프게 이어지고.
무엇을 위해 털래 털래 이어가는 아리송한 삶.
뼈마디마다 속속들이 박힌 고뇌, 시퍼렇게 멍들어가며.

낮은 밤을 위해 밤은 낮을 위해. 서로를 달래가며 거기 있습니다.
어쩌면 밤은 삶의 주인, 낮은 밤의 심부름꾼이 아닐까요?
무수히 많은 밤을 받혀주기 위해 부지런히 움직여야 하는 매일의 낮.

번뇌는 세월의 치마폭에 푹- 싸여
사랑의 물방울 똑똑 떨어지는 소리만큼 가득합니다.
천지의 문 살며시 열고 곱게 떠오르는 무수한 별인 양.

살아있어 천지에 가득한 꿈틀거림.
'나' 고유한 생명체의 향기, 천지가 박하냄새로 가득합니다.
그곳에 생각에 집을 짓습니다. 오두막집, 벽돌집, 대리석 집….
짓고 허물기를 거듭하는 '삶'은 그런 것일까요?
그 지붕위로 무수히 떠올렸던 별들의 반짝임,
그 벽에 머물렀던 따사한 햇살들,
청 너머 저- 멀리 떠오르던 화려한 무지개.

'날' 유혹하는 갖가지 신비스러움에 힘입어
펼쳐진 빈 시간 속으로 나 달릴 수 있을 것만 같아
가슴 활짝 펴고 두 팔 힘껏 치켜 올리고
시간의 광장을 향해 속력 내어봅니다.
날 숨차게 공격해 오니 어쩌겠어요?

지금은 또 다른 새로운 '시초'라고
내 청 들어달라며 나에게 간곡히 부탁합니다.
어느 때는 험한 계곡 빠져 흐르고,

어느 때는 잠간 고였다 다시 흐르기도 하면서.

난 어째서 이제야 걸음을 재촉하는 걸까요?
삶의 물줄기가 서서히 또 억세어집니다.
숨죽이던 '작은 목소리'들이 고개 들며 외칩니다.
내 안에 그렇게 많은 소리들이 숨죽인 것을,
난 미처 알지 못했습니다.
'작은 목소리'들 봄비 맞고 한꺼번에 고개 빳빳이,
사방에서 파릇파릇 새 싹 틔우는 풀잎들 마냥.

연극 연습하듯 되풀이해 웃어보고 울어도 보며,
되풀이되는 벅찬 순간들!
쌓인 추억더미 뒤지다, 추억보따리 터뜨린 것일까요?
지난 날로 돌아갈 수 없는 삶,
추억이 종이 위에 살도록 나는 펜을 호령합니다.
그 순간을 환희로 맞아봅니다.

뺨을 스치는 차가운 바람.
눈가에 조롱조롱 눈물 고드름 달고, 빙판 위로 종종 걸음 칩니다.
추운 마음 부둥켜안고, 삶은 세월 따라 강물 되어 흘러도
나는 알듯 합니다.
질기게 엉키는 정, 그래도 세상은 '정 뭉치' 하나로 굴러가는 곳.
삶의 폭 속으로 퍼져 나가는 저- 사랑의 울림들!
하늘이 열리는 날마다 우리는 새로 태어나야 한다는.

조용히 기다려 왔습니다만,
더는 참고 기다리지 못 하겠습니다.
침묵하라! 신신당부 했지만 더는 참을 수 없어,
천지를 휘어잡고 흔들어보고 싶습니다.
꽁꽁 둘러싸고 있는 껍질을 깨부수고 튕겨나가고 싶은 이 강력한 충동!

두 팔 높이 치켜 올려 열광하며 몸부림쳐 봅니다.
꽁꽁 뭉친 의문 덩어리에서 풀려나오려,
더 한층 요란히 몸부림칩니다.
뇌리 속에 'Big Bang' 단어가 번갯불처럼 휙- 지나갑니다.
뱅글 뱅글 제자리 돌던 팽이
서서히 속력 늦추며 곧 멈출 듯한데,
이제 얼음판 떠나 더는 팽이가 될 수 없는 난,
무엇으로 남아야 할까요?

넘어지기 쉬운 허전한 공간에서 중심 잡기에 안간힘 써보며
해결책 찾지 못해 눈 감고 마음만 끝없이 달립니다.
경계선 보이지 않는 열려있는 삶의 터전을 향해
빨갛게 물든 무서움 달래며 마음 편안해질 때까지.
그 모두 '날' 지키기 위한 예사롭지 않은 보초서기.
요리조리 빠져나가기도 잘하는 '날' 지키기.
'나' 그토록 맹랑합니다.

외로움 자욱한 나의 방에서 침묵하는 화초들.
내 방에 옮겨져 인연 맺은 후 동고동락해 온 수 년,

내 일거수일투족 낱낱이 지켜보며,
함께 보낸 세월이 뒤안길에 가득 고였습니다.
서로를 지켜본 살아있는 것들의 어루만짐.
많은 시간, 많은 나날에 서로를 닮아가면서,
외로움 하나, 외로움 둘, 외로움 받아먹고 자라다
서로 엉켜 벗이 된 나와 화초들.
침묵하며 바라보고 서로를 위로하다
알게 모르게 정 듬뿍 들어버린 세월 안에 한패들.

높은 하늘 천지사방 바람타고 내게 날아온 씨앗 한 톨
인생 터전에 사랑으로 떨어져 자랐습니다.
들릴 듯 말듯 부르는 소리로
귓가에 간지럼 주는 저- 요동치는 조용한 울림으로.
멀리서 들려오는 소리 따라, 그곳으로 '나' 지금 가고 있습니다.
어느 한 순간 쥐어짜는 시간으로부터 '날' 풀어주는 해방.
울림들 따라 저 멀리 멀리, 나의 방황은 또 그렇게 시작됩니다.

어쩌면 생명들은 땅의 것이 아니라,
하늘이 점지해 놓은 하늘의 것일지 모릅니다.
하늘이 내리는 명령 따라 내 마음도 거기로 떠밉니다.
순간순간 빈 마음으로 덩실덩실 춤추는 맨발의 나,
구속에서 벗어난 맨 몸으로 덩실덩실 춤추며,
밤의 적막 속으로 깊이 빠져듭니다.

떨리는 목소리, 비틀거리는 걸음걸이, 방황하는 그림자들,

바람에 흔들리는 깃발인 양 누구의 말도 듣지 않고,
보아 왔고 알아온 길 향해, 곧장 걸어갑니다.
신생아 첫 울음소리 들리는 거기로 되돌아갑니다.

난 사람들이 말하는 그 누구도 아닌 오직 '나'.
'나', 조금 비틀거린다 해도 제발 '날' 잡지 말아요.
'나' 나름대로 '흥겨운 나의 춤'이니까요.
소리 질러도 모른 체 해주세요. 그 또한 '나의 매력'이니까.
'나' 또 무슨 짓을 또 할지 몰라도,
날 그냥 가만히 내버려두세요.
자유를 갈망하는 '나의 모습'이니까요.
거짓 대답에 빠져 살아온 후의 허탈감.
대답 기다려 발걸음 멈추고 기다려봅니다.

이 세상 가득채운 크고 작은 생명들,
생명보존을 위해 애쓰는 모습이 아름답습니다.
저마다 세상에 튼튼히 뿌리박고, 꽃 피우고 열매 맺으려,
버티는 장한 모습들.
사랑이란 이름으로 둥둥 떠가는 세상, 경이롭게 지켜봅니다.

머- 얼- 리서 들려오는 애간장 녹이는 속삭임.
간절히 날 부르는 저- 소리, 빨려들어 갈듯 간절한 저- 소리,
도무지 알아차릴 수 없는 저 소리.
보배스런 순간 아주 머언 곳에서부터 들리는,
분명 '날 부르는 저 소리'. 밖엔 보슬비 부슬부슬 내리는데.

천지가 모두 내 것이라니!
그토록 크나큰 선물 미처 알지 못했으니 얼마나 미련스러운가요?
이제라도 알아차리고 감동하니, 이제 되지 않았을까요?

3

밝음 속에 보이지 않던 내가, 우연히 어둠 속에서 얼핏,
너무 자라 버린 내가 보이기 시작했습니다.
이제야 비로소 성인이 되어가는 기분입니다.
붙잡아 보려도 통 잡혀지지 않던 '나'.
밤 훔쳐보느라 어둠 향해 빠금히 방문 열었을 때,
그 문 사이에 끼어 영락없이 내가 잡혀 있는 그 순간에
난 그 만큼의 '날' 알아보았습니다.
난 마치 '도'라도 튼 것처럼 나불나불 했지요.
우직하고 어리석은 나를 엉성하게 뉘우쳐가며.

천지에 가득한 쏟아질 듯 한 이 울렁임.
출렁이는 파도인 양 천지를 메워가는 이 들썩임.
'사랑'이라고도 '애무'라고도 하는 보이지 않는 들썩임.
천지를 가득 메운 이 울렁임!

생명들은 너나없이 어깨동무하며
황망히 빠른 걸음으로 서둘러, 서쪽으로 향해가고 있습니다.
사랑에 젖은 날개 툭툭 털어가며, 사랑에 취해 비틀거리며.

아침에 눈 떴을 때 가벼웠던 마음,
저녁 무렵이면 어깨에 매달려오는 천근만근.
털어내도 솎아내도 칭칭 감겨오는 '이 무거움'.
밤새 공들인 시간이 얼마인데 이름도 댈 수 없는
그 무엇이 이토록 '날' 무겁게 누른단 말입니까?

편히 쉬면 좋을 텐데 무엇 때문에 이 늦은 나이에,
마음은 어느 때보다 급해져서
공연히 앉았다 섰다 갈팡질팡 하는지.
고놈의 생각들은 제 갈길 가겠다고 다투기만 하는지.
하지만 누구도 탓하진 말아야지요.
모든 원천은 바로 '당신', 바로 '나'이니까요.

한 그루 나무뿌리 같은 '나', 한 인간의 파란만장한 생.
'나'를 중심으로 퍼져 나간 빽빽한 잔뿌리들.
세월 따라 쭉- 다져온 이야기들.
여기에 있기에, 보이고, 들리고, 알지만,
나, 어느 날 이 세상 떠나고 나면,
씻은 듯 말끔히 사라져버릴 이야기들.
더는 비도 눈도 내리지 않고, 바람도 불지 않을 거예요.
울먹임도 흐느낌도 거두어지고, 모든 진행은 뚝 멈출 거예요.

어쩌다 날 꼭 껴안아주고 싶도록 내가 무척 좋은 날.
숙였던 고개 살짝 들어 나를 보고 싶은 날.
장소도 때도 잊고 모처럼 날 사랑해 보는 날.
나에게 사랑한다고 살짝 속삭입니다.
하늘도 땅도 깜짝 놀라게!
미처 알지 못했든 어여쁜 내가 얼핏 보여서.

눈, 코, 입, 귀 달고 있는 비슷한 모습의 거리 인파,
아래를 보고 걷는 사람, 앞만 보고 걷는 사람,
위를 쳐다보고 있는 사람, 고개를 옆으로 돌린 사람.
웃고, 찡그리고, 생각에 잠겨있는,
동그스름하고, 길쭉하고, 넓적하고, 홀쭉한,
제각각 다른 모습의 얼굴들.
하지만 생각 꽁꽁 감춘 자신만의 모습으로 그 생각 고집하며
꼭 자기처럼만 살아가고 있는 사람들.
자신만의 꿈을 수놓으며, 군중 속의 깊은 생각에 흠뻑 빠진
그들의 갈망, 방황, 실망의 갖가지 모습, 갖가지 표정들.
그 속에 섞여 나 또한 미처 몰랐던 내 모습에
소스라치도록 깜짝 놀랍니다.

나 어렸을 적엔 하늘엔 하나님 한 분만 넓은 하늘 독차지해
계신 줄 알았습니다. 부르면 오시고 구하면 주실 거라 믿으며.
하지만 하늘엔 달님도 무수한 별님들도 동네 이루며
오순도순 살고 있음을 알았습니다.
'나' 이만큼 자라 변했으니 자꾸 그때처럼

그때의 나보듯 다그치지 말아주세요.

모심기 하듯이 꼭꼭, 순간을 삶의 폭에 또박또박 수놓습니다.
오색 단풍진 생각을 키우고 있는 여기는 내 보금자리.
맞춤 옷 같이 나에게 꼭 맞는 이 환경,
노년의 삶을 포동포동 살찌우는 보금자리에서
사랑 소복이 추억의 물결 넘실거리는 곳에서
그때마다 감사의 눈물방울 뺨 위로 살포시 떨어집니다.

작은 터전의 정원, 포근한 침실,
아기자기 입맛 돋우는 음식을 장만할 수 있는 부엌,
충분한 공간이 허락된 쾌적한 거실,
날 세워 놓고 나의 변화와 흐르는 인생을 또렷이 지켜볼 수 있는
크나큰 거울 달린 제법 화려한 화장실.
컴퓨터 앞에 앉아 수시로 내 인생을 수놓을 수 있는 책상,
해 뜨는 아침과 저녁노을 마음껏 바라볼 수 있는 넓은 창,
어디든 데려가는 차고에서 얌전히 기다리는 반짝이는 자동차.
편히 쉴 방 한 칸 없이 길거리를 헤매는 이들도 많은데
가진 것이 분에 넘치게 많아 절로 감사 기도가 나옵니다.
발딱 일어나 구석마다 꼭꼭 행복으로 채우며
보금자리 정성껏 손질합니다.
내일이면 또 잊을지 몰라도 행복만 자라게 할 것입니다.

햇빛 따가운 오후
비행기 한대가 태양을 향해 날아가고 있습니다.

어떻게 하려고 그 뜨거운 곳으로.
대신 하늘나라에 갈 수 있으면 얼마나 좋을까요.

손가락 하나에도 출렁이는 세상, 가득한 '짜임새'.
그 안에서 내 존재가 참으로 소중합니다.
빛과 어둠이 어울려 사랑과 미움이 함께 섞여 무늬 놓인,
빈틈없이 꽉 짜인 천지의 짜임새.
진실로 위대한 삶의 구성 앞에 고개가 절로 숙여집니다.

마음을 저울질 해보는 새날의 이른 새벽.
엄청난 위력으로 떠밀려오는 '눌림',
거기에 항거하여 일어서는 '힘',
함부로 다룰 수 없는 경이로운 존재에 깜짝 놀랍니다.

십년을 한 다발로 묶어보면, 평생은 다만 몇 다발 작은 묶음.
한 다발 묶음 십년 또한 전속력을 내니
오늘 하루 바구니에 보람 가득 담기도록 촌음을 아껴야겠습니다.

10년 가까이 살아온 우리 집 주위로,
어린 아기였던 초목들이 몰라보게 훌쩍 커 버렸습니다.
속일 수 없는 세월의 흐름에 나도 훌쩍 늙어버렸습니다.
무심히 흐르는 세월 앞에 시큰거려지는 코끝!

사랑이 옹기종기 자리 잡은 아담한 나의 집!
어머니날 딸들이 보내 온 고운 꽃다발들이

분홍 빛 온기 풍기는 사랑눈짓 보내옵니다.
다가와 포옹하고 뺨에 입맞춤합니다.
집안 가득 향기 풍기며 사랑이 춤추는 나의 집.

한바탕 비 내린 후 자욱한 안개가
열심히 세월을 밀며 속속 지나가고 있습니다.
온 천지가 하나로, 끝없이, 쉼 없이, 줄지어
앞으로 부지런히 나아갑니다.
가냘픈 숨소리, 숨 꼬리표 만들며
하루는 그렇게 나름대로 용케 빠져나갈 것입니다.

내 생각 타래 뭉치는 도대체 얼마나 크기에
풀어내지 못하는 말들 수놓기가 끊이지 않습니다.
꿈 수놓기에도 바쁜 보이지 않는 나의 인생 길.
잠시 멈추고 나 무엇을 수놓았는지 돌아봅니다.
세상으로 향한 문 여닫으며 깊은 사색에 빠져
깊이와 출처 모를 서러움에 흠뻑 젖습니다.
내가 자꾸 눈 감는 것은, '깨어있는 영혼'을 보기 위함,
한 땀 한 땀 정성껏 놓은 수를 보려함입니다.

찰각대는 시계 초침에 맞춰 '날' 엄하게 차렷시키고,
밝아오는 골목길에 자꾸 '날' 세워두는 것은,
사랑스럽게 오시는 새날을 성심으로 맞이하기 위해서입니다.
그리고 정해진 곳 없는 어딘가를 향해 서둘러 가기 위해,
마음은 또 다시 무척 바빠집니다.

발길은 어느새 연못가를 한 바퀴 맴돌고
세월이 오색 꿈 가득 싣고 사뿐히 오시고 있는,
저- 부스럭 소리 따라 가보고 있습니다.

하늘도 피를 흘리는가?
저녁노을 새빨갛게 핏빛으로 물든 어느 저녁,
천지의 위대한 힘에 실려 지금 '나' 여기까지 와있습니다.
꽁꽁 둘러싸인 노을에 휩싸여.
돌아볼 사이 없이 어리벙벙 지나쳐온 세월, 그 삶의 '무심함'!
어찌 '나' 미쳐 버리지 않겠습니까?

이제는 그만. 누구도, 아무도, 탓하지 말기!
만사에 조용히 순응하며 편안하게 살기!
우리는 모두, 나는 나로, 너는 너로,
그렇게 이유를 대며 살아가고 있지 않은가요?
그럴 수밖에 없음을 때로는 승낙하고 때로는 허용하며.
갈래갈래 주어진 길에서 제 각기 자기 생각 따라가기!
그 길에서 우린 더러 '위대한 자'가 되기도 하고,
더러는 '낙오자'가 되기도 하고,
더러는 '도둑', '몹쓸 자'가 되기도 하며.

어제와 다름없이 점잖게 다가오시는 새날.
무수한 새날마다 성심으로 매달려온 꿈의 씨앗들.
하지만 그 꿈은 아직도 겉모양도 터득하지 못한 체
걸음마 수준에 머물러있습니다.

내 생 안에 그 꿈을 꽃 피울 수 있을까요?
새날들이여! 내 꿈이 꽃 피우게 도와주십시오.

날 새고 나면 별들 초롱초롱한 하늘은 진정 볼 수 없는 건가요?
창을 통해 내다보는 별들 세상이 어찌 이토록 아름다운지요?
아련히 연기처럼 피어오르는 생각의 줄기들,
솔솔 피어오르는 새벽의 내 마음 굴뚝.
빛나는 삶을 향해 서서히 뻗어나가 피워 오릅니다.

매 순간 마시고 내뿜는 하늘에서 내려주신 양식, 이 공기.
새삼스레 깨우쳐가는 넉넉한 감사로 둘둘 몸 감은 채,
놀랍게도 안면에 작은 미소마저 띄우고,
이 순간을 '나' 이렇게 감사하며 지나고 있습니다.
날마다 마음의 키 한 치씩 커지지만,
난, 자꾸 더 커지고 싶어 발꿈치 더 높이 올리고
하늘 향해 힘껏 고개도 높이 치켜 올립니다.
하늘이시여, 이젠 그만 날 붙들어 앉히소서!

4

천지 안에 소복이 오물오물 거리는 조금씩 다른 얼굴들.

얼굴마다 박힌 저마다의 입, 코, 눈, 귀,
순하게도 무섭게도 사납게도.
네가 되고, 내가 되고, 우리가 됩니다.
각각 다른 마음들 휘둘러 잡아보려, 안겨보려
제 각기 자기만의 생각 알갱이 소복 소복이 담고,
모래알처럼 가득 찬 '인간 모래밭 세상'.

모래밭의 한 알 모래알 같은 우리.
바람 부는 대로 흔들리는 작은 생명, 그 순종의 모습.
보라! 나르는 새들의 중간 중간 재충전하는 날개 짓.
그 '삶'의 끈질긴 모습이 모래 같은 인간의 '살아감'을,
그 '살아남음'을 가르쳐 줍니다.

층층으로 쌓인 고뇌의 장에서 일념으로 빌고 있는 우리의 깊은 묵념.
그런 엄숙한 시간, 삶의 길 저편 아득히 먼- 데서 들리는 소리,
'나' 또 다시 귀 기울입니다.
보이는 것 없이 막막한 홀로 걷는 세월 길에,
오직 내 그림자만 보이는 어느 지점.
듣다보면 들리리라는 그 믿음에 매달려
나 이 줄에 아직 매달려 있습니다.
이것은 아닌데 하면서도 강력히 항복을 거부하며
알 수 없는 그 막연한 기다림으로 인내하고 있습니다.

찾을 것 같이, 보일 것 같이, 간지럼 주는 이 느낌.
모양도 이름도 모르는, 지금은 아직 알지 못하는

그 무엇 때문에 난 경황없이 바쁩니다.
의문의 한 복판에 빠져 방황하며 허우적댑니다.
존재의 참뜻을 찾느라 비지 땀 흘립니다.
이름은 알지만 그 안에 숨겨진 내가 누군지는
난, 아직도 잘 알지 못합니다.

이것은 여기에, 그것은 거기에, 저것은 저기에,
모든 것들이 제 자리에 꼭꼭 박혀있는 세상.
물어 보아도, 말 건네 보아도, 흔들어 보아도,
입 꼭 다물고 대답 없이 꼼짝 않고 제 자리 버티는 철칙들.
여기서 거기로, 거기서 저기로 자리 바꿔보려 하지만,
미륵 되어 꼼짝 않고 버티는 철칙들.

정화수 떠놓고 빌고 싶은 여문 생각들,
조심스레 따다가 소중하게 모아보는 알뜰한 시간.
조용한 정원에, 누군가 정성 담아 깎아놓은 석탑과 불상들.
그 앞에서 '난' 절로 고개 숙이게 됩니다.
살랑 바람에 절로 흔들리는 수많은 것들 따라,
나도 따라 흔들리며, '끝'이라는 아래로 내려가는 중입니다.
'걸음마' 다시 배워 익혀가며.

난 진정 누구일까요?
한 가닥 두 가닥, 사랑 끈에 달랑달랑 매달려,
그 안에서 다시 길 잃고 헤매는 '난' 진정 누구일까요?
끊임없이 돌고 있는 천체의 돌림 따라,

자신을 송두리 채 그 안에 맡기다 덩그마니 남아,
홀로 꿈에 젖으니 왜 허전하지 않겠어요?

우린 모두 함께 천지 안을 맴돌아,
함께 흔들리며 손 잡아가는 미미한 창조물.
깊이 파고들수록 선명히 보이는 반짝이는 상념 조각들.
뼁- 둘러싸인 가지각색 인간 번뇌의 자질구레한 부스러기들.
주어보고, 세어보고, 다시 또 세어보고,
골라도 보고, 더러는 버려보아도 다시 뭉치고 마는 그들.

한 자리 지키며 조용히 내 손길 기다리는 화초들,
난, 화분의 흙 갈아 주고, 쓰다듬어 주고, 물을 줍니다.
예쁘다 속삭이며 시들지 말라고, 죽지 말라고 신신당부합니다.
날 바라보며 살려 달라 매달리는 정원의 꽃들 또한
내 사랑의 옷 받아 입고 살고 있는 '내 자식' 같은 생명.
사랑에 홍건히 젖어, 조심스레 시간의 계단 밟으며
촉촉이 눈물도 고이고, 해말간 웃음도 물결치는 내 작은 집 풍경.

생명마다 프로그램 따라 움직이게 하는 이 거대한 삶의 장치.
누가 장치해 둔 기계입니까?
어디서 우릴 지키며 부리고(monitor) 계십니까?
보일 듯 보이지 않는 주인, 당신은 진정 누구십니까?

날마다 내다보는 한 줄기 작은 햇살
그 창에서 '난' 아직껏 떠나지 못하고 있습니다.

어렴풋이 보일락 말락 작은 깨우침, 허무의 보자기 기어코 풀어보려
세월 앞에 단정히 앉아 그 마지막을 기다립니다.

어느 아침, 창 앞을 지나며 '난' 깜짝 놀랍니다.
그 안에 있는 두개의 태양. 두개의 세상. 나와 나의 그림자.
현실과 환상 사이에서, 이럴까 저럴까 망설이며,
여긴가 저긴가 서성이며, 이리 갈까 저리 갈까 갈팡질팡.
일렁이는 내가 보일 듯 한 놀라움에 난 그만 울어버렸습니다.

해가 떠오르고, 다시 떠오르고, 새 역사의 꽃은 피었다 지고,
종소리 다시 울리고, 달라진 모습으로 역사는 이어져갑니다.
생명 이어지고 있는 한, 난 내 제복의 마지막 단추 단정히 끼우고
세월 앞에 '나'를 엄하게 바라보렵니다.
활활 태우고 남은 무수한 어제가 자욱 내고 간 잿더미.
수북한 '잿더미' 사이, 이마에 쌓인 주름살 물끄러미 들여다보며
난 나의 역사를 겸허히 받아드리렵니다.
하지만 기억은 그때에 머물기를 고집하며 지금의 나를 결사 거부합니다.
이 한 자리 지켜 온 '나'를, "어떻게 모른다고 할 수 있겠어?" 라며.

훨훨 털고 서서히 가보는 한 세상.
구름이 바람에 떠밀려가듯 가볍게 가 보자고
내 어깨 다독거려 앉힙니다.
슬퍼도 아파도 난 멈추지 않고 줄곧 가고 있습니다.
궂은 날에도 화창한 날에도, 어제도 오늘도, 그때도 지금도,
누구도 떼밀어 억지로 시키지도 않는 하나의 길을 향해.

살다보면 웃을 날 올 것이란 믿음으로
나, 지금 약한 바람에 매달려 어느 중간을 지나, 가고 있습니다.
한 줄을 고집하며 '난' 그렇게 그 믿음 안고 가고 있습니다.

여기, 한 생명 살아있습니다.
가늘지만 생각의 줄 여기저기 이어가며, 반복에 반복 거듭하고,
한번에 '한 금'씩 하루하루를 이으며 세월이, 생명이 이어집니다.
긴- 긴 세월 변함없이 날 떠나지 않고, 손잡고 안아주고 안기며,
'날' 믿어 준 그 이름에 정 듬뿍 들어 살포시 쓰다듬어줍니다.
몸부림쳐도 소용없음을 알고 그저 세월에 기대어,
그 세월 믿으며 나의 모두를 맡깁니다.
이끌어 주십시오. 또 날이 밝아옵니다.

빌고 있는 '나'를 하늘은 버리지 않겠지요?
천지는 '나'를 버리지 않겠지요?
세월에 매달려 그 옷깃 꼭 붙잡고 따라가는 '나'를
세월은 차마 뿌리치지 못 하겠지요?

자랑이란 열매 조롱조롱 달린 패밀리 트리(Family Tree),
내가 아끼는 가족의 보물 가계도.
사랑의 힘 솟게 하는 가득 고인 우물 같은 가족
한 겹 껍질 훌훌 털고 새 살 새록새록 돋게 하는 질긴 '힘'.
곱게 무늬 놓아 장식해 가는, 아- 생명의 위대한 '힘'.

초목들도 잠을 잘까요?

선체로 무거운 몸집을 지탱해야 하는 나무들,
얼마나 기대고 싶을까? 얼마나 드러눕고 싶을까?
새삼 날 세워 주는 척추가 참으로 고마워집니다.
'나'란 인간의 귀중함을 이 순간 다시 깨우칩니다.

잊고 있던 것들의 또 다른 발견.
내 얼굴에 박힌 두개의 조그만 눈의 능력.
광활하게 펼쳐진 세상, 햇살의 미세한 먼지도
한 번 눈길로 환히 보는 눈.
거울에 비친 나의 두 눈을 경이롭게 바라봅니다.
고마운 것들을 많이 보여준 눈이 참 고맙습니다.

하늘이 열리는 조용한 부스럭거림,
날개 활짝 편 새가 하늘로 나르는 기상으로,
자유를 향해 옷가슴 풀어헤치는 감격으로.
곧 마지막 안녕이라도 할 듯이.

'낡은 것'과 '새 것'의 공존. '아름다움'과 '흉악함'의 섞임.
세상이 묶음 되어 엮이는 그 안에 자리 잡지 못해 헤매는
무수한 혼동들, 그렇게 얼룩진 내가 살고 있는 이 세상!
삶은 원래 이런 것이라며 먼- 곳을 향해 '나' 갑니다.
서둘러지는 여정에 꿈은 점점 무거워지고.

5

망을 통해 보는 세상과 망 없이 보는 세상은 같지 않을 터.
내 마음에 무엇도 씌우지 말고 세상을 바라봐야겠지요?
오월의 신록 아래 나뭇가지마다 무성한 잎들.

그 누구도 그 잎들 하나하나 다 봐주진 않지만,
한 그루, 하나의 그 이름 아래 모두
바람 따라 열 맞춰 춤추는 나뭇잎들.
나도 이 세상의 하나로 세파 따라 어울려 흔들리며,
나뭇잎처럼 살면 되는 거지, 그렇지 않나요?

무엇입니까? 이토록 가슴 뿌듯하게 다가오는 것은?
가슴 터질 듯한 이토록 가득한 느낌은?
밖과 안의 연결, 너와 나의 연결, 세상이 하나가 된다면?
내 것 네 것 없어져 세상은 진정 다툼이 없어질까요?
내 것을 너에게, 네 것을 나에게, 그렇게 나눠가진다면,
오손 도손 세상은 화평해 질까요?

시간의 관을 통해, 생각이, 사랑이, 또 생명이,
연신 출렁출렁 흘러가고 있습니다.
서로서로 손잡고 어깨 춤추며 시간의 물결 타고,

유유히 흘러갑니다.
꿈틀대는 생명들은 때론 어느 한 골목에서,
뜨겁게, 발갛게 달아오르기도 하면서,
매 순간을 용케도 빠져나가고 있습니다.

생명의 뿌리는 질기고, 야무지고, 단단합니다.
모진 인생고를 참아 넘기며, 저마다 주어진 수명대로 평생을
그런 대로 채워가는 온갖 생명들.
'나' 또한 이 세상에 이렇게 저렇게 얽힌 생명으로,
다른 모두를 아껴야 하는 것을.

햇빛 받아 반짝이는 난 Solar Light(태양열)인가 봅니다.
그 부름에 새 옷으로 갈아입는 난 참으로 충성스런 종.
빛을 향해 달립니다.
리듬 타고 흔들리며 해님이 쓸모없다 버릴 때까지,
세상이 뭐라 하던 흥겹게 춤추려 합니다.
소중한 보석을 만난 듯, '나' 이 순간 춤을 춥니다.
홀로 흥에 겨워 덩실덩실 어깨춤 춥니다.

모진 바람 이겨낸 질긴 생명 줄 하나,
고유의 빛살 쏘아가며 살아가는 이 길.
아직은 이름 지어줄 수 없는 이 하얀 길.
성심으로 주워 담는 하얀 차돌 마냥
차곡차곡 내일의 성을 쌓아가는 나의 조무랑 용사들.

툭 터진 공간을 거부하며 무엇 때문에 한사코,
빽빽한 숲길 사이 뚫고 기웃거려 바라보는 세상.
이름 없는 미세한 하나까지도 빠짐없이 보겠다며,
내일을 향해 이어 내 고유의 삶 찾아가는 길.
매 순간 몸과 마음 추슬러 다시 시작하는 길.

한 가지씩 배워가며, 동시에 한 가지씩 잊어가며,
내 안에 머물러온 지식과 지혜의 평행길.
'빛나는 길'이라 불러보는 이 길.
이런들 어떠하며 저런들 어떠하리
조용히 빠져나가는 이 골목은 인생의 어디쯤일까요?

아기 나무들이 십 척 만큼 자라 하늘을 덮고,
한편은 시들고, 또 한편은 사라지고.
사방 여기저기서 인사해 오는 날,
그 많은 것들 내 곁에 두고, 욕심은 또 왜 부리는지 모르겠습니다.

생명 있는 모든 것들의 꿈틀거림,
부글부글 끓는 물처럼, 출렁이는 파도처럼,
어깨 서로 맞대어 흔들흔들 정 주고받으며.
급류에 떠밀려가는 뗏목처럼, 내 마음도 떠내려갑니다.
저- 먼, 아주 먼 곳 뒤편에서 한 토막 젊을 적 꿈이,
겁 모르던 젊은 시절의 파아랗던 꿈이,
보일 듯 보일 듯 가물가물 내 눈을 아리게 합니다.

난 아직도 꿈꾸는 사람!
다음 순간까지, 그리고 이어지는 또 다음 순간까지.
열심히 이어가는 이 삶의 모양을 무어라할까요?
모양도 빛깔도 묘연하게 공중에 둥둥 떠 있는 삶의 모양,
하지만 그 삶이 내겐 무척 대견하고 중요합니다.
마치 남인 양 낯설게 바라보면서, 작지만 절대 무시 못 할,
나의 존재를 알아갑니다.
그 작은 것 같은 그 무엇이 이 세상을 형성하는 근원이기에.

태양을 향해 덤벼들 기세로 쏘아보는 '눈빛'.
작디작은 창조물 하나, '나'!
눈물 짜내고 사랑을 꽃 피울 줄도 알아버린,
채우고 비우고 쏟아낼 줄 아는 참으로 대견한 생명.

세월 어느 쯤의 이 날을 영악스레 지키고 선 '나'!
긴 것 같기도 짧은 것 같기도 한 생명의 통로에서,
뼘으로 재보고 창문 열고 내다봐도 남은 길 몰라
한 발 물러서서 이렇게 기다리고 있습니다.
한 자리에서 나로 가득한 삶이란 무늬 그리며,
한 생명은 그냥 그렇게 살아가고 살아질 것이라고.

내 안에 가득한 헝클어진 사색은 색깔도 모양도 없지만
'나' 지금 폭발 직전입니다.
인생 노트북 남은 페이지 수 달랑거리는 좁은 삶의 어느 골목에서,
어느 순간 내 마음 들썩거리는데, 주책없이 나, 이래도 될까요?

눈, 코, 입, 귀 없는 그림자마저 주제 모르고,
'나' 따라 덩실 덩실 춤추는데, 진정 이래도 될까요?
생명체 주위로 둥글게 어우러져오는 서광(aurora)!
화려하게 뿜어내는 빛나는 생명체의 푸른 빛깔,
참으로 놀랍고도 줄기찬 기운!

오래 머물러주는 아리따운 추억.
변함없이 그 자리에서 '날' 반겨주는 추억 있어,
그 추억의 자랑스러운 주인으로, '난' 참으로 감사합니다.
울음은 그쳐지지 않지만 그 추억 그리워라.
그것으로 족하다고 '날' 달래줍니다.
몇 조각 굵은 추억이 오늘 '날' 고개 똑바로 들게도 하고,
오늘 '날' 가슴 쫙 펴게도 해 줍니다.
추억은 내 삶을 세우는 척추 같은 것,
평행으로 꼿꼿하게 세우는 지렛대 같은 것,
추억의 그늘아래 올망졸망 행복이 모여 속삭이는,
내 행복의 추억 밭.

눈물 글썽이며 밖을 내다보니
내가 알던 세월은 서서히 꼬리 감춰가고 있네요.
한 세월 그냥 그렇게 살다가는 것을.
쉽다면 쉽게, 그냥 그렇게 살아가게 되어 있는 것을.
왜? 어째서? 난 미처 몰랐던 걸까요?
모르는 척 했던 걸까요?
세상 만물이 제 자리에서 다소곳이

순종하는 참으로 순한 아침입니다.
내가 알고 있는 모든 이름들로 일어나 뽀얀 김 모락모락 뿜어내며
따뜻이 정 데워가는 아침.
장하게 모진 세월 이겨 낸 만물은 다시 당당히
저마다 제 자리들 지키며 제 일을 하고 있습니다.

'생명의 꿋꿋한 힘'!
다 함께 이룩하는 오- 장하고 장한 '삶의 모습'!
그 안에 함께 섞여, '난' 나의 날개를 다시 한 번
힘차게 파드닥거려 봅니다.
나뭇가지 끝에서 "나, 여기에"라며 손짓하는 어린 잎새들.
바람이 시키는 대로 흔들리며, 소근 소근 정 속삭이는데,
'나'도 따라 사방으로 고개 인사 건네 봅니다.

하루간의 층층대 오르며 넝쿨 올리는 생명들의 당찬 힘!
무섭도록 꿋꿋한 생명들의 삶 만들기!
하나 씩 열어 아는 체 해보며,
지금은 어느 무엇도 놓치고 싶지 않는 순간.
하나로 묶음 된 천지 안에서,
내 숨 그 안에 내 놓으며 참으로 행복한 어울림.

선두에 서지 못하고 늘 무리의 꽁무니에 붙어,
시대의 언덕 그런대로 하나씩 넘고 여기까지 왔습니다.
그런대로 내 이름 간직하고 별자리 세어가며,
비워도 가득히 채워지는 마음으로 기다리는 하늘의 축복.

물러앉은 시간은, 어서 어서 무엇이 되라고 조릅니다.
무엇이면 "괜찮다"고 하려는 가요?
'나' 알아야 무엇이 될 터인데 말입니다.
이름 모르는 무엇을 연신 만들어가는 이 삶의 진행.
그 안에 몸담고 가만히 기다려 보는 아! 사랑 덩어리!

유동과 부동이 어울려 잘 짜인 천지, 그 사이사이 흐르는 바람.
천지 한편에 기대어 '난' 삶을 해부하기에 바쁩니다.
작은 나의 방에 한 조각 세상을 맞아들이며,
밖과 안 연결시켜 짝꿍 되어보려 애를 씁니다.
바람 따라 사방에서 솔솔 피어오르는 뽀얀 연기
'연기 밭' 같이 매운 삶의 터전에서.

이 가득함!
이 충만함!
이 출렁임!

어깨 서로 부비며, 마음 서로 어루만지며,
슬픔 서로 달래며 서로의 눈물 닦아주며,
그렇게 정에 몸 담그고.
우린 하나의 길로 가고 있습니다.

잠시 흔들렸다가 다시 제 자리 찾아드는 천지.
천지는 끝도 없이 둥둥 떠가고 있습니다.
천지의 주인은 어디로 가는지 아무 말 없지만,

천지에 섞여든 생명 모두 허둥지둥 정신을 못 차리다
서둘러 제자리 찾아가고 있습니다.
보십시오!

6

나, 지금 아직 여기 이 자리에 있습니다.
내 앞에 빠끔히 열려 낱낱이 보이는 그 길 따라,
여린 마음 곱게 안고 조심스레 순종으로
빠금히 열린 길 따라 아직은 따라갑니다.
하지만, 잘 모르겠습니다. 언제 이 정도(正道)에서 뛰쳐나갈지
장담할 수는 없습니다.

2019년 8월 2일 금요일. 나 여기에 있었다는 징표로
나 펜을 열심히 놀리고 있습니다.
살아있는 바람을 온몸으로 느끼며,
무엇인지 알 수 없는 무엇을 간절히 빕니다.
겹겹으로 싸인 내 앞의 장막, 내 삶의 대목을
서둘러 거두어 지나고 있습니다.
바람이 시키는 대로 순종하며,

구름이 멋대로 하늘에 무늬 놓듯이.
세월자락에 마음대로 내 삶의 무늬 수놓으며,
'나' 여기 이곳 인생 길, 어느 한 대목 이쯤에 얌전히 서있었다고.
무엇인가 간절히 기다리는 자세로.

고우면 고운대로, 밉다면 미운대로, 슬프다면 슬픈대로,
내 삶의 무늬들 갖가지 꽃모양이 됩니다.
삶의 보따리 안에 생각의 무늬 꾸준히 수놓는 일은
어찌 보면 홍겹고, 달리 보면 슬프게도 느껴집니다.

무더기로 쌓인 일들이 '날' 기다립니다.
나만이 할 수 있는 버겁게 쌓인 일감들.
어찌 보면 안 할 수도 있을 것 같은, 그런 일들.
인생길 마지막 코스 달리며 조바심이 납니다.

'나' 가슴 활짝 열고 하- 하- 크게 웃어 봅니다.
생명의 강인함을 흉내 내 보기라도 하듯이.
삶의 온갖 풍파 지나고 '나' 여기 이렇게 서 있습니다.
무수히 끊어질 번했던 질긴 생명 줄 하나
그 줄에 아직껏 '나' 위태로이 매달려.
나, 이 줄 타고 얼마나 멀리 갈 수 있을까요?
시간의 줄 타오르기. 꿈과 야망의 줄 타오르기.
땀에 흠뻑 젖어 눈물 통에 빠져가며
사랑의 미끄러운 줄 타오르기.
어이하여 눈물이 주책없이 주르륵 흘러내리는지요?

제발, 누구도 나 따라 흉내 내지 말아요!
이건 모두 '외로움'의 표정이니까.
난 외롭긴 해도 그림자 곁에 있어 괜찮습니다.
시간의 길 따라 조용히 걸어가며 말 가르쳐 보지만,
성인군자 같은 그림자, 그저 침묵으로 가만히 날 따라올 뿐.
제발, 허물어져 내려앉지 않기를 바라봅니다.
이 세상 마지막까지 날 섬기며 따라올 내 그림자.
많이 고마워!

인생 연륜 어든쯤에 있는 나의 벗들이여!
혹이나 외로움에서 헤어나기 힘드시면,
북소리에 맞춰 힘내어 한 번 더 일어서 봐요!
천지가 환히 우리 앞에 열리도록, 함께 힘내요!
겁내지 말아요. 슬퍼도 말아요.
이왕 이 세상에 온 우리, 이 세상은 우리들 것이랍니다.
힘찬 합창으로 함께 멋진 노래 불러요!

태양의 힘 받아 힘차게, 달님의 힘 얻은 그 사랑으로,
우리 저 - 북소리에 발 맞춰 덩실 춤이나 춰요!
생명은 그런 것이에요.
함께 싹 틔워가며 무럭무럭 자라,
이 한 세상 울창한 숲이 되어보는 거예요.
우리 서로 손잡아요. 둥글게 함께 돌아봐요.
다리에 힘주어 함께 멋지게, 이 땅 단단히 다져보아요.

내 마음 꼭 붙들어 앉혀 놓았지만,
바람 부는 날, 나, 사방으로 흔들려 방황했었나 봐요.
못 박아 꼭 고정해 두었지만, 난데없이 들이닥친 바람에
내 그림자가 흔들렸어요.
애태우며 기어코 붙들어 앉히지 말아요.
그냥 훨훨 날아다니게 놔두어요.

돌개바람에 몰아친다 한들, 어찌하겠어요?
그래야 한다면 그래야지요.
휘몰아 돌다가 언젠가는 제자리 찾아 멈추겠지요?
천지를 돌다가 제 풀에 꺾여, 항복해 돌아오겠지요?
한 가닥 회오리바람도 언젠가는 차분해질 터
더는 마음 다그치지 말아요!
기다려만 준다면 스스로 자리 찾아 앉을 테니까.
살아있는 것들은 다 움직이니까요.

창가에 기대어 그 무엇을 기다리며 다시 기도합니다.
멀리 보내놓은 내 마음도, 무사히 돌아와 주기를 기다리며.
말갛게 투명하도록 날 가리지 마세요. 제발!
있는 그대로의 내가 난 참 좋아요.
뽀얗게 맨살로 태양 아래, 한 송이 꽃으로 피고 싶어요.
그냥, '나' 거기 그렇게 있게, 가만히 나둬 주세요.
스스로 달빛에 몸 씻고, 갓 피어난 꽃 그 모습 보일 때까지.
오늘은 어쩐지 천지와의 연결이 어렴풋이 느껴지는 날,
창하나 가득 채우며 한 폭의 그림 나타났네요.

이젠 되었다, 그것이면 되었다는 순간의 느낌.
난 그 그림 안의 주인처럼 여왕의 옷으로 갈아입겠어요.
'나' 애타게 헤매어 찾은 천지에 속해있는 '나'.
화해가 시작된 천지에 판판하게 내 마음도 펴놓습니다.

긴- 여운의 꼬리 남기며 떠나가는 살아있는 것들.
어인 일로 우린 같은 방향을 향해 가지요?
그 끝자락에서 우리 다시 만날 수 있을까요?
같은 골목길에서 출렁이고 서로 밀치며,
점차 조심스레 서서히, 숨소리 낮춰가며 함께 가는 길.

생명들은 가끔씩 살아있다는 것을 증명해 보입니다.
소리도 꽥 - 질러도 보고, 신들린 듯 무엇에 빠지기도 하고,
미치기도 하고, 팔딱팔딱 뛰기도 하고,
그러다 조용히 눈 감기도 하고, 기다리기도 하고,
마음 비우기도 하고, 그러다 마침내는 북소리 따라 돌아와
제자리를 찾기도 하지요.

삶의 마지막 즈음에 우리 모두의 바람은
마지막 내 자리 찾아 사뿐히 돌아가 앉는 것.
한 바탕 잘 놀고, 태어나기 전 그때로 되돌아가는 것.
우리 인생의 마지막은 그냥 그런 것입니다.
내 삶에 알맹이가 좀 필요합니다.
희멀건 국물 만 그릇에 채워진 노년의 삶,
무엇이 잘못되었을까요?

하루는 너무나 중요합니다.
이 삶에서는 다시 돌아올 수 없는, 딱! 이 하루.
하루 밖에 허용 되지 않는 귀한 이 하루,
매번 소중하게 맞고 보내야겠지요!

난 하루에도 여러 차례 공연히 혼자 손뼉 "탁" 치며,
그것도 아주 세게 손뼉 치며 벌떡 일어나곤 하지요.
급한 것 없는데도 아주 급한 것처럼, 뭘 알았다는 듯이.
매 순간 나에게 "일어서라" 매질하는 소리 때문에.
'날' 멍하니 앉아있게는 결코 허락지 않는 그 누구.
누구십니까? '날' 이토록 부리는 당신은 진정 누구십니까?
당돌하게 일대 일로 천지 앞에 맞서보고 봅니다.

무수한 별들 다 셀 수 없음을 알면서도,
별 하나 나 하나, 별 둘 나 둘, 세어가는 나날들.
어찌 보면 어리석기 그지없는 일
그 뒤안길에 허물어 질 듯 소복이 높게 쌓인 날들.

아침이 오고 저녁이 오고, 또 밤이 어김없이 되돌아오는
엄숙한 자연의 질서.
꼭꼭 제자리 찾아오는 봄, 여름, 가을, 겨울의 질서.
그 질서를 타고 조심스레 그 길 위를 걸어
멀고도 먼 길 여기까지 왔습니다.
순간순간의 길목 미끄럽게 지나, 나 지금 여기 와있습니다.

쌔근쌔근 숨소리 새나오는 천지.
미움일랑 걸러지고 평안이 잔잔하게 펼쳐진 천지.
그 위로 감사의 눈물방울 구슬인양 구르는 시간.
파랗고 싱싱한 또 하루가 지금 막 도착했습니다.

눈 감을 때의 편안함보다 눈 떴을 때 아기자기함,
그 꿈틀거림의 묘기들을 '난' 더 좋아합니다.
살아있는 짜릿한 진귀함에 푹 빠지며.
광활한 천지 속으로 자유로이 달리는 삶의 생기,
아물거리는 오색찬란한 삶 속으로 파고들며.

삶이냐? 죽음이냐? 선택하라면,
난 서슴없이 '삶'이라 하겠습니다.
죽음에 대해 '나' 아는 것이 없기에.
눈 감으면 보이는 건 잃어버린 것들의 껍데기들,
빈 터 가득 채워진 공(0)의 집합뿐입니다.

'존재의 이유'에 대해 혹시 답 얻을까 하여,
천지와 나 사이 문마다 활짝 열었습니다.
헝클어지지 않은 우리 둘만의 '새벽과 나',
홀연히 '나' 어린 철학자라도 된 듯
외곬 대면으로 캐어보는 진리 탐구의 시간입니다.
하지만 곧, 풀 죽은 모습으로 재빨리 문 닫을 것입니다.
어떤 무엇도 찾지 못한 채 다시 제 자리로 돌아와.

난, 인간들의 눈빛이 무섭습니다.
수락과 거부, 사랑과 미움, 슬픔과 기쁨, 갖가지 느낌을
여과 없이 곧바로 쏘아대는 그 눈빛이 두렵습니다.
숨길 수 없는 가장 솔직한 감정 표현의 도구,
하늘 끝자락, 수평선 너머 보낸 응시가 무더기로 몰려오는
감당하기 어려운 눈빛들. '꿈'과 '의문'을 담은 그런 눈빛들.

무한(infinity), 인간의 능력에 얼마나 더 잘해야
최고라고 할 수 있을까요?
잘난 사람위엔 늘 더 잘난 사람이 있고
최고위엔 보다 더 높은 최고가 언제나 있으니
늘 우린 놀라고 긴장합니다.

난, 바나나를 즐겨 먹습니다.
어쩌면 이렇게 생긴 과일도 다 있나 빙그레 웃어가며.
벗기기 쉽고, 씨도 없고, 폭신하고 부드러워
나 같은 노인이 먹기에 딱 좋습니다.
누구에게나 골고루 양식을 내려주신
하느님께 감사드리는 순간입니다.

두 다리 벤치에 올려놓고 무심코 맨발에 눈길이 갔습니다.
우스꽝스럽기도 하고 귀엽기도 한, 쪼물쪼물 열 발가락.
고마움의 개수가 점점 불어나는 요즈음
걸음마 배우고부터 평생 나를 위해 헤매어 준 두발에
새삼 고마움 느낍니다. 내가 걸은 줄로만 알았는데.

이런 저런 생각에 잠기다, 문득 이런 생각 들었습니다.
이 세상 살아가는데 '착한 마음 씀씀이'가 제일이라고.
더러는 착한 당신을 '바보'라고 하지만
'착한 마음'은 이미 당신과 하늘에 올라가 있을 겁니다.

긴- 세월 익혀온 경험으로
용케 내일로 향해 앞으로 나아가고 있습니다.
달리지는 않지만 꾸준히, 느리지만 익숙하게,
이 몸 이끌어 가고 있습니다.

이른 새벽하늘을 비행하는 외로운 비행기.
어디론가 가는 목적지 있겠지만 너무 쓸쓸해 보입니다.
멀고 머-언 별 나라 사이를 힘들이지 않고 쑥쑥 지나
하늘 끝으로 사라져 갑니다.

음악으로 실내가 가득 채워지면, 옛일도 한꺼번에 살아납니다.
봄날 소풍처럼, 꽃마차 두둥실 떠가듯이.
잘못 저질러 놓고 미리 겁에 질려 매달리던 내 귀여운 딸들.
"엄마, 나 착해?"라며
그 딸들 어느새 흰 머리칼 드문드문한 중년이 되었습니다.
세월 갈수록 딸들 만나는 것이 왜 이리도 더 가슴 설레는지요?
왜 더 가슴 콩닥거리는지요?
종종 걸음 치게 하고, 끌어들여 안고 싶게 하고,
가슴 깊이 파고드는 향기 내 딸들 때문이라면
세상에 무서울 것이 없습니다.

무엇이 이토록 설레고 강하며, 주고 싶게 하는지요?
아마도 그것은 '엄마'라는 이름 때문이겠지요?

Part 6

☆

외로운 섬이 되어

☆

2020년의 좁고 위태로운 골목을 조심스레 빠져나가며

- Corona Virus-19 Pandemic에 즈음하여 - ☆

2020년은 참으로 잔인한 속수무책의 해. 경자년 하얀 쥐의 해.
우두머리 흰 쥐라고? 바닥을 치고 올라가는 해라고?
풍요와 기회의 해라고? 참으로 얼토당토 않는 풀이가 아닌가요?

2020년 1월, 난데없이 우리 앞에 불어 닥친 COVID-19.
그로 인해 우릴 겁에 질려 떨게 만든 위험한 선전포고,
죽느냐, 살아남느냐의 시급한 과제가 눈앞에 닥쳤습니다.
이 얼마나 정신 번쩍 들게 하는 위협인가요?

생존 여하가 달린 그 낯선 문제의 거론 앞에,
너나없이 놀라 눈 휘둥그레 뜨고 허둥지둥.
정신 번쩍 들어 생명의 귀중함, 이웃의 소중함을 되새기고 있습니다.

2020년 꼬박 COVID-19 전염병이 내린 격리!
우린 전염병 해제 기다림에 이미 지쳤습니다.
아직도 깜깜한 밤, 새 날은 언제 밝아오려나?
때맞춰 나온 이적의 노래 <당연한 것들> 가사가 깊은 여운을 남깁니다.

우리가 무얼 누리는지 그 땐 알지 못했죠.
길을 걷고, 친구 만나고, 손을 잡고 껴안아 주던 것들.
당연히 끌어안고 사랑하던 날들, 반드시 다시 돌아올 거예요.

참으로 낯설고 알 수 없는 COAID-19 유행병 격리(Pandemic Quarantine)가 우리에게 안겨놓은 이 기이한 현상들.
겉모양은 전과 다름없는데 분위기는 홀딱 달라진 세상.

인생 광장에 낯설게 열리고 있는 당황스런 삶의 장면들, 미처 상상해 보지 못했던 이 낯선 모습은 진정 무엇인지요?

뉴욕 시는 COVID-19 때문에 무더기로 죽어나가는 시체의 처분 곤란으로, 쓰레기 덤핑하듯 그들을 흙구덩이 속으로 던졌습니다.

너무도 허무한 그 광경은 우리가 알던 세상이 아니어서 무섭고 떨립니다.

사람 사는 것 같지 않게 서먹서먹하게 서로를 경계하며 살아가는 우리 앞에 펼쳐진 세상, 참으로 기절초풍할 놀라운 일입니다.

누가, 어디서, 왜, 우리들에게 이토록 황당한 '벌'을 내리는 걸까요?

마스크로 입과 코 막고 얼굴 가린 인간들. 사람과 사람 사이 6feet 간격 두기(social distance)를 실행하면서 멀찍이 떨어졌어도 불안에 떨며 경계의 눈빛 거두지 않는, 참으로 기이하고 어설픈 인간들의 우스꽝스런 모습들. 혼동으로 어지러운 삶의 그림자들.

영리한줄 알았던 우리 인간들은 지금, 보이지도 않는 적을 만나 속수무책으로 멍- 하니 먼- 하늘만 물끄러미 바라보고 있을 뿐입니다.

'나에게서 멀리 떨어져 달라!'고 소리 없이 보내는 눈짓들.
우스꽝스럽고 믿기지 않는 이 모습은 다 무엇이지요?
평생을 정으로 살아온 우리들에게 강제로 정 떼어놓기,
하물며 부모자식 간, 형제 간, 친구 간에도 거리두기.
너에게로 그리고 또 다른 너에게로 인사 나누고 싶은데….
절로 "세상이 왜 이래?"라고 투덜거리게 됩니다.

자식들이 부모에게 인사 오면서 문 밖에 선체 반쯤 가린 얼굴만 보이고,

곧바로 뒤돌아서 가버리는 세상.

결혼도 많은 이들의 축복 받아 하지 못 하고, 상 받아 마땅할 칠순, 팔순 잔치도 못 하고, 환자도 방문하지 못하고, 임종도 지켜보지 못해 가슴 아파하며 울부짖는, 길들여지지 않은 믿기지 않는 현실.

난데없이 펼쳐진 세상을 지켜보면서, "내가 참으로 너무 오래 살았구나." 중얼거리게 됩니다. 땀 냄새 살 냄새 맡던 때가 그립습니다. 언성 높여 다투던 목소리조차도.

2019년 12월 중국 후베이 성 우한 시에서 처음 발생한 바이러스 COVID-19, 의사 위 먼량이 신종 Covid 확산과 싸우다 2020년 2월 7일 사망했다고.

사람 세포에 20배나 더 잘 달라붙는다는 바이러스의 처음 정식 명칭은 <2019-n Covid>랍니다.

유독 노인들 살 냄새 좋아하며 새 이름표 달고 나타난 울긋불긋 꽃 모양의 독 품은 균, 독버섯 같은 몹쓸 것들.

신은 세상을 총 점검하시면서 이 세상에 노인 수가 너무 많다는 것을 비로소 알아차린 듯, 들판에 잡초 뽑아내듯 노인들을 무더기로 솎아내고 있습니다.

'신'은 노하셨는가?
작은 일에도 징징대기 잘하며 엄살만 부리던 인간들을,
단단히 혼내주려 작심하신 것인가?

2020년 녹음방초 우거진 찬란한 봄.

그래도 불확실한 봄에 생명위로 사방에 설래 설래 거미줄 가득 찬 세상.
생명은 너나없이 은둔처로 숨어들어, 이 봄이 참으로 무색합니다.
새벽의 침묵 뚫고 들려오는 새들의 지저귐,
그 반가움! 그 살아있는 소리!

세월은 바삐 인간의 목숨들 보쌈해서,
어디론가 급히 도망쳐 경황없이 빠져나가고 있습니다.
이미 봄 한철을 그리 보내고, 여름 한철, 그리고 가을, 이제 겨울입니다.
세월은 황망히 어디론가 도망쳐 빠져나가고 있습니다.

목숨 보쌈 한 낡은 보자기 틈사이로 목숨들이 술술 세어나가는 줄도 모르고, 2020년 세월이 허겁지겁 줄행랑쳐 눈물에 실려 급류로 떠내려가고 있습니다.

5월 15일 자 미국 뉴욕 시에서만 사망자가 1만 5천 230명, 그 중 48.7%가 75세 이상으로 사망자의 24.9%라고 합니다. 그리고 코로나 사망 중 요양원 발생이 노르웨이 58%, 아일랜드 54%, 프랑스 51%, 스웨덴 49% 랍니다.

6월 6일자, 전 세계 COVID-19 확진 자 수는 700만 명, 사망자 수 40만 명, 6월 30일자 미국 환자 수는 250만 명, 사망자 수는 12만 명으로 전 세계 확진자의 30%, 사망자의 25%로 가장 많은 숫자입니다. 8월 18일자 세계 하루 확진 자는 29만 4천명으로 역대 최대인 총 2,164만 여명 감염되었습니다. 미국은 557만 명으로 최대.

9월 18일자 확진 자 3천만 명, 9월 말 전 세계 사망자 100만 명.

10월 15일자 미국 전 인구의 2.4% 감염.

10월 20일자 전 세계 환자 4천만 명.

이것이 정말 사실인가 믿기 어렵습니다.

매일이 휴일 같은 날들, 웬 서글픈 횡재입니까?

몸 비비 틀며 지루함을 느끼는 나날들.

직장인들은 집에 머물며 일하고, 상점, 식당, 학교는 모두 문 닫고.

수입은 없어지고 배는 고파 옵니다.

적자생명(life to fittest)이나 적자생존(survival to fittest), 이 순간 '생명의 멸종' 까지 생각하게 됩니다.

무리들 속으로 부딪치고 미안해도 하며 화해도 하던 인간관계, 그 사랑의 연결로 행복했던 우리들이 아니었나요? 핏대 올려 다투더라도 뛰쳐나가 끼어들어 싶습니다. 다시 한 번 시끌벅적 떠들어보고 싶습니다.

John Danne(존 던)의 '누구도 혼자인 사람은 없다.'란 말이 불현듯 생각납니다.

그는 <누구를 위하여 종은 울리나>에서, '누구도 그 자체로 온전한 섬은 아니다.'라며 '어느 누구의 죽음도 나를 감소시킨다.'는 말도 했습니다.

'왜냐하면 나는 인류 전체 속에 포함되어 있기 때문이니, 누구를 위하여 종이 울리는지를 알고자 사람을 보내지 말라! 종은 그대를 위해서 울리는 것이니.'라고요. 이토록 지금 우리 각자 각자는 수많은 이들의 죽음으로 타격받고 있습니다.

더러는 COVID-19가 부자나 가난한 사람, 그리고 지위고하를 차별 않는 진정한 평등을 우리들에게 가르쳐 주었다고 합니다. 가족과 함께 할 수 있는 소중한 시간을 주었다고 하고요.

하지만 이보다 육체적으로나 정신적으로나 가해지는 타격이 훨씬 더 큰 것을 생각해 보지 않을 수 없습니다. 리갈 템플렛(Legal Template)에 따르면 COVID-19 이후 이혼율이 2월에 비해 최근 57%로 증가했다고 합니다.

우린 지금 주어진 이상한 환경에 쩔쩔매며 좀 별난 외로움을 경험하고 있습니다.

동물학자 데스몬드 모리스(Desmond Morris)는 인간뿐 아니라 모든 동물의 본성은 접촉, 즉 등을 살짝 두들겨주며 포옹하는 등 이런 '친밀감(intimacy)' 등 신체접촉을 욕망하면서 '가까움을 느낀다.'고 했습니다. <포옹>은 옥시토신(Oxytocin) 호르몬 수치를 증가시켜 스트레스 완화와 심장 건강에 유익하며, 20초 간 포옹은 혈압 조절과 심장 건강에 유익하다고 합니다. 그리고 매일 10초 포옹은 우울증 완화와 피로를 줄일 수 있답니다. 우리 삶에서 추구하는 행복은 이토록 서로의 접촉에서 오는데, 당장 그 '접촉' 멈추라니 그 허전함에 까무러지게 외롭습니다.

심리학자 Paul Zak(폴 작)은 더욱 행복하고 나은 삶을 위해 하루 8번 포옹할 것을 권장합니다. 또 다른 심리학자 Virginia Satin(버지니아 쌔튼)은 생존을 위해서는 하루에 4번, 삶의 유지를 위해서는 하루에 7번, 성장을 위해서는 하루 12번의 포옹이 필요하다고 했습니다. 그의 말에 따르면 우리는 지금 생존의 위기, 삶의 위기, 성장의 위기를 겪고 있습니다. 당장 밖으로 뛰쳐나가 지나가는 사람 그 누구의 손이라도 잡아 흔들어, 삶을 유지하고 싶은 심정입니다.

우린 항상 시간이 모자란다고 불평을 늘어놓으며 살았지요.

빈 시간으로 가득 채워진 요즘, "답답하다", "지루하다"고만 하지 말고 어서 옷소매 걷어붙이고 무엇이든 해야 하지 않겠습니까?

혜민 스님은 <완벽하지 않은 것들에 대한 사랑>에서, 일이 시끄럽고 힘든 일이 많이 생기면 마음공부를 하게 되며, 지금 힘든 일들은 나를 공부시키려고 하늘이 기회를 주는 것이라고 했습니다. 한 해를 어렵게 지내고 있는 우리들에게 얼마나 좋은 가르침이 되는지요?

'신'은 참으로 많이 노하셨나 봅니다. 세계는 지금 들이닥친 거센 풍랑을 지나며, 인간들은 '죽음'이란 단어 앞에 갈팡질팡하고 있습니다. 온 세상을 크게 놀라게 한 이 사태는 진실로 우리에게 무엇을 가르치기 위함인지요?

긴- 세월을 지나며 차곡차곡 다져왔던 우리 인간의 토대가 한순간에 흔들리며 금가고 있습니다. 인간들은 깊고 무거운 침묵을 유지하며 서로의 눈빛을 살피고 있습니다.

꽉 짜였던 삶의 모형에 금가면서, 그 큰 구성이 무너져 앉으려는 찰나의 위험이 도사리고 있습니다. 바이러스 동그라미 무늬 안에서 빙글빙글 돌며.

살아남으려는 작지만 대단한 힘이 2020년 세월에 실려, 발소리도 가만가만 좁은 골목길 따라 조심스레 지나고 있습니다. 연약하게 이어가던 한 생명의 질서가 서서히 무너져, 그 흔적을 감추려 합니다.

엎친데 겹친 George Floyd(조지 프로이드) 사건으로 거리로 나선 무리들의 아우성! 서로 노려보기, 후려잡아 때리기, 훔치기. 세상이 정말 왜 이럴까요?

무성한 나뭇잎들 사이로 아침 햇살이, 머뭇머뭇 낯선 세상을 내려다봅니다.

여기가 아니었나? 잘못 들어온 길인가? 하면서.

위스컨신 주 대형 총기난사 사건까지 겹쳐 세상이 더 왈칵 뒤집혔습니다. 중국인으로 오인한 한인 피해도 15%나 된다고 합니다.

'이런 세상 정 떨어져 내가 매일 기다리던 태양이 떠오르지 않으면 어쩌지?'

하늘은 무엇 때문에 그리 노하셨을까요?

번개 콤플렉스로 인한 산불로 캘리포니아 여기저기가 활활 타고, 그로인해 태양은 또 노발대발 시뻘겋게 얼굴 붉혀 하늘도 온통 빨갛게 물들었습니다. 화염 속 인간은 모깃불에 쫓기는 모기들 마냥 헉헉 숨 몰아쉬며 마스크의 줄을 더 꼭 잡아당깁니다.

타주에선 태풍경보로 난리 법석을 피우니, 세상은 그야말로 요지경, 요지경 속입니다.

누가 말했던가요? <지구도 아프다>고.

거리엔 텅 빈 상점들, 여기저기서 세상 비워주기가 한창입니다.

항공사, 여행사, 호텔, 유통회사, 극장, 상사에서 실시되는 무급 휴직에 명예퇴직, 희망퇴직 등으로 휘청거리는 생명줄들.

지금 세계 150국가는 다투어가며 예방주사 찾아내기에 혈안이 되어 안간힘을 쏟고 있습니다.

핵무기로 생명을 무더기로 앗아가게 했던, 그런 기술에 능숙했던 인간이지 않습니까? 전자 기술을 최고로 발달시켜놓은 우리 인간의 두뇌가 아니던가요?

제법 긴- 날이 지났건만 왜 한 방에 COVID-19 뚝 멈추게 할 효험 있는 기적 같은 약 하나 찾아내지 못할까요?

Jason Schenker는 <코로나 이후의 세계>란 책자로 겁까지 주는데, “이것도 지나가리라” 믿어보며, 예방책이 속히 나오기를 간절히 빌어봅니다.

그 가느다란 숨결이 지탱해주는 생명. 생명은 모두 가련합니다.

인간 체내에 얼기설기 얽힌 가느다란 혈관을 통해 분주히 돌리는 붉은 피!

온갖 불가능까지도 끌어안고 실같이 엉킨 상념의 주인공들, 연약한 숨결이으며 살아가는 이 ‘생명’, 위태롭게 이어가는 참으로 가냘픈 ‘생명’입니다. 굴복이란 단어를 온 힘으로 배척하던 젊을 때의 패기도 이제 비웃음으로 남았습니다.

뭘 하지? 뭘 하지?

긴- 하루를 어떻게 보내야할지 참으로 따분합니다. 하루가 참으로 무척이나 길게 느껴집니다.

젊었을 때처럼 여기저기 전화 걸어 노닥거릴 새로운 뉴스도 없는 나 같은 노인은 더욱 그렇습니다.

뭘 하지? 뭘 하지? 쓸고 닦고, 또 쓸고 닦고?

집 안팎을 광내려면 하루 종일 그럴 수도 있겠지만 그러고 싶지는 않습니다. 참으로 뭘 하지?

COVID-19이 인간들에게 가져다 준 가장 큰 가르침이라면, ‘공동체와 이웃의 안전에 책임지는 태도’, 이것이라 하겠습니다. 내가 내 몸의 주인이 되어 자유롭던 때가 감사합니다.

오늘도 동녘 하늘에 빠끔히 얼굴 내미는 고마운 태양,

'난' 외로운 섬으로 남지 않기 위해 이 아침 두 손 모아 인류의 안녕을 간절히 빌어봅니다. 희망을 노래하던 본연의 세상을 우리에게 되돌려달라고 매달려 애원하고 졸라댑니다.

하루가 곧 끊길 듯 달랑달랑 이어지는 또 하루, 풀지 못 한 의문들로 인생 골목에 주저앉으려는 나의 두발에 억지로 신 신겨, 아침 산책길 나가봅니다. 등 다독거려가며 조심스레 이어갑니다.

머지않은 날, 이 외로운 섬에서 무사히 빠져나갈 수 있기를 두 손 가지런히 모아 간절히 빌고 또 빌면서.

푸념을 마치며

주어진 생의 마지막으로 치달으며,

응석이라도 부리듯 몰려드는 숨겼던 상념들을

연약하나마 그려보고 싶었습니다. ☆

땡! 종이 칩니다.

땡! 땡! 종소리 점점 가까이 들립니다.

인생 연륜 여든, 거의 인생의 끝을 알리는 종입니다.

어디로 가는지 모르는 시간이 빈 공간의 중심을 줄그으며 지나갑니다.

기약 없는 하룻길에 풀 죽은 내 얼굴,

주춤주춤 망설이는 나의 뺨 꼬집어 다시 거리로 보냅니다.

이젠 쉬고 싶은데 마음이 피곤한 육체를 이끌며 날 재촉합니다.

난 마치 처음인 듯 이른 아침 산책길 자연 앞에 경탄합니다.

한 그루 거목 앞 무수한 잎사귀마다, 참으로 아득히 먼 데서 찾아오신

햇살의 애정 어린 입맞춤을 지켜보면서,

삶의 경이로움에 가슴 울렁이며 감탄합니다.

부족한 인생 연륜 여든 즈음의 생각을, 『푸념 닮은 기도』라는 한 권의 책으로 꾸며 보았습니다. 누군가 작품 제목을 정하는 것은 곧 아이 이름을 짓는 것이나 다름없다고 말했습니다.

『푸념 닮은 기도』는, 기도가 될 수 없는 실은 한 늙은이의 부끄러운 '푸념'입니다. 하지만 나에겐 절절한 기도나 다름없는 순간순간의 느낌을 적지 않을 수 없어 적어 본 것입니다.

요즈음은 내 모습이 자꾸 변해 가고, 무엇인가 나를 갉아 먹고 있다는 느낌입니다. 스티븐 호킹의 <그림으로 보는 시간의 역사>를 어렵사리 이해하며 내 변해가는 모습 거기에 연결시켜 보고 있습니다.

'나' 이 세상 살아온 나의 뒤안길 세월이 어언 84번째 성상으로 옮겨갑니다. 모습만 변하지 않아 생각도 쪼그라들었지만, 한 가냘픈 생명이 자신에게 주어진 세상의 끝 무렵을 지나면서, 연약하나마 그 생각들을 그려보고 싶었습니다.

꿈에 그리던 집을 세워가듯이, 사색의 뼈대를 올리고 정성껏 살 붙여가는 동안, 매번 햇살에 잘 바랜 순수한 알갱이, '진실'을 찾아 헤매온 시간이기도 했습니다.

자연은 모두 제 갈 길 가고, 그와 상관없이 계절은 왔다가고 때 따라 꽃은 피고 집니다. 우리 인간 또한 임의 아니게 태어났다가 생명이 만기(滿期)가 되면 홀연히 사라집니다.

무엇을 위한 돌림인지 모르는 만물의 돌림 따라 삶도 물레방아처럼 따라 돌고, '난' 이 돌림에 섞여 덧없이 울먹이고 있습니다.

이렇게 사연 많은 인생살이가 진정 단 한 번의 꿈이란 말입니까?

삶은 나를 중심으로 사방으로 쏘는 빛살 같아, 난 그 세상의 중심을 내 것으로 우주의 중심에서 주인으로 이끌어내려고 구슬땀 흘려 왔습니다.

오직 나 자신의 생각을 앞세워 세상을 다루어 보려고 고뇌하며.

시그먼드 프로이드(Sigmund Freud)는 신은 인간을 창조하면서 인간을 행복하게 만들려는 의도는 없었을 거라고 못 박았습니다. 한 삶은 어느 누구도 탓할 수 없는 순전히 자신의 책임으로, 생명에겐 저마다 무거운 책임이 주어졌지요.

창 밖 꽃 한 송이에 눈이 닿으니 가슴이 뜨끔합니다. 그 한 송이 꽃을 피우기 위해 인고의 세월을 거쳤을 꽃 한 송이의 귀중함!

이름 다른 온갖 꽃들이 번갈아 정원에서 피고 지듯, 우리 인생도 그렇게 피고 집니다. 어찌 이 꽃이 저 꽃보다 예쁘지 않다고 할 수 있겠습니까? 늦은 날 핀 국화 꽃 한 송이의 청아한 아름다움을 아시다면!

지난날을 돌이켜보며, 내가 했던 많은 말들이 남의 눈치 보며 했던 것은 아니었을까, 진짜 하고 싶던 말들은 저- 깊은 마음구석에 감춰 놓았던 것은 아닐까 생각해 보았습니다. 그리고 인생의 마지막으로 치닫는 지금, 숨겼던 상념들이 웅석이라도 부리듯 절벽을 향해 한꺼번에 우- 몰려, 무서울 것 없다는 듯 거센 폭포로 쏟아져 내립니다.

하루는, 빈 공간 가득 채운 먼지들이 햇살 아래 춤추는 것을 지켜보았습니다. 미세한 존재들을 알아차린 순간의 그 놀라움이라니!

그리고 난 매일 밤, 매일 새벽을 맞고 보내며 쓰지 않고는 견딜 수 없는 충동으로 펜을 움직일 수밖에 없었습니다.

Womack의 <I hope you dance>는 지금 계속 자리에 앉아 있을 것이냐 춤을 출 것이냐 라고 묻는 노래, 난 춤을 추기로 결심했습니다. 이 순간만이 우리의 존재를 확인할 수 있는 유일한 시간이라는 생각이 들어서입니다. 무리 안에서 신나게 춤을 출지라도 깊은 '외로움'은 있습니다.

가즈오 이시구로는 <The Remains of the Day - 남아 있는 나날>에서, '젊은 날의 사랑은 지나갔지만 남아 있는 날들에도 희망은 있다.' 또한 '결국 인간은 자신의 더듬이로 길을 찾고 그 여정에 책임져야 한다.'고 합니다.

지난 번 『물 그림자 유혹』을 발표한 뒤, '꿈꾸는 자의 힘'은 어떤 힘보다 강한 것을 알고 보니 무엇에 쫓기는 사람처럼 성급해졌습니다.

그리고 아직 내 앞에 줄서 있는 꿈들, 내 생명 사라지기 전에 꼭 이뤄보겠다고 맹세했습니다.

나의 이야기는 끝날 줄 모르는데, 내 몸은 언제부터인가 "아이고 힘들어." 중얼거리니, 이쯤에서 나의 펜을 멀리 던져놓습니다.

조지 오웰(George Orwell)은 작가들을 일러 허영심 많고 이기적이며, 책을 쓴다는 것은 고통스런 병을 오래 앓는 것처럼 힘겨운 싸움이라 했습니다. 그리고 자신이 느낀 바를 나누고 싶어 하는 욕구로 어떤 귀신에게 끌려 다니지 않는 한 절대 할 수 없는 작업이라고 했습니다. 정말 그런 것 같습니다. 분명 어느 귀신에게 끌리지 않고는 할 수 없는 매일 매일의 느낌을 부끄러움을 무릅쓰고라도 나누고 싶어졌습니다.

결국 가슴에 물결쳐 오는 것은 '감사', 내 생명 다 하는 마지막 순간 남기고 싶은 한 마디도 '감사'입니다.

'새날'이 만면에 웃음을 띠고 기다리네요. 한 뼘 만큼 남아있는 날들을 기대하며, 이제 푸념일랑 거두고 다시 굳게 노 저어 갈 것을 천지 앞에 맹세합니다.

『푸념 닮은 기도』를 마치며 먼저 네 딸들에게 고마움을 전합니다.

언제나 엄마를 끔찍하게 챙기며 항상 벗 되어주는 사랑스런 네 딸들, Irene, Juliet, Mariette & Michelle.

집안의 맏딸로 엄마와 동생들을 묵묵하게 일일이 챙기는 Irene, 그리고 내 은퇴 즉시 lap top computer를 설치해 주어 내 삶의 활력과 소일거리를 마련해 준 둘째 Juliet과 사위 Daryl, 난 줄곧 그 앞에 앉아 놀이하듯 느낌을 적어 이미 여러 권의 책을 세상에 내놓았습니다.

심오한 인생관으로 세상에 임하며 특히 문학에 특출한 재능으로 엄마를 자주 놀라게 하는 셋째 딸 Mariette, 영어에 서툰 엄마를 늘 솔선수범해 도와줍니다. 막내답지 않게 어른처럼 지나칠 만큼 엄마를 챙기는 막내 딸 Michelle, 엄마의 무료한 시간을 채워주느라 신간 서적들을 계속 공급해 주어 엄마의 지식과 지혜를 한층 높여주니 늘 고마울 뿐입니다.

할머니의 사랑을 경험하게 해준, 참으로 예쁘고 착한 손녀 딸 Kiana에게도 고맙다고 말해 주고 싶습니다.

마지막으로 변함없는 격려와 인내로 정성껏 원고를 다듬어주고, 여러 차례 나의 부족하고 어린 생각을 세상에 나오게 도와주신 「북산책」 김영란 대표님께 다시 한 번 이루 말할 수 없는 고마움을 전하는 바입니다.

푸념 닮은 기도

초판인쇄 | 2021년 01월 20일
초판발행 | 2021년 01월 20일

지은 이 | 박신애
펴낸 이 | 김영란
펴낸 곳 | 북산책

주 소 | 경기도 파주시 재두루미길 82-1
전 화 | 031-946-4447 010-4823-2320
e m a i l | 4mybook@gmail.com

ISBN 978-89-94728-39-1 03800
값 15,000원